Tartes à la française

pour amoureux

JO GOSLING

Tartes à la française

pour amoureux

JO GOSLING

C.I.L.

Notes

Toutes les recettes présentées dans
cet ouvrage vous sont données pour
six personnes

Un symbole indique, pour chacune d'elles,
son degré de facilité : ★ très facile
★★ facile, ★★★ compliqué.

Sommaire

Plaidoyer pour les tartes

Lors de mes dernières vacances en Armor, là où bourgs et villages ont pour nom Plouha, Plouézec ou Ploubazlanec, j'ai fait la connaissance d'un couple séduisant qui gère avec bonheur un amour de petite auberge soudée au granit, face à la mer d'Emeraude.
Propriétaires de « l'Isayan » Isabelle et Yan s'adorent et, chose rare, ne se jalousent pas. Après quelques jours fort agréables je me suis intimement liée avec eux, au point qu'ils m'ont initiée aux secrets de leur spécialité, les tartes à la française.
C'est à leur singulier et très personnel Livre d'or que cet ouvrage doit son existence. Un petit ouvrage qui serre, sous sa couverture en cuir, des recettes de tartes baptisées Céline, Daphné, Judith et autres Estelle, Alvina ou Noémie... Des prénoms de rêve tous accompagnés de savoureuses petites anecdotes. Quelques jours d'amitié supplémentaires m'ont été nécessaires pour découvrir la raison d'être de ces « épigraphes ». Isabelle m'a avoué que Yan avait eu la délectable idée de donner à ses tartes les prénoms de ses clientes les plus charmantes, celles qui les avaient plus particulièrement appréciées.
Pour être certain de ne pas confondre ces délicieuses personnes il les avait immortalisées en associant à leur prénom quelques lignes à jamais gardiennes de leur personnalité. Isabelle m'expliqua qu'il lui était arrivé de prendre une part active à la rédaction de ces portraits.

Si ces textes paraissent ambigus et indiscrets à ceux qui ne savent pas ce qu'aimer veut dire je rappelle que ce livre est réservé aux amoureux qui n'ignorent pas qu'en amour on peut tout dire et on peut tout faire. J'ajoute, avec la plus grande honnêteté, que cet ouvrage n'est pas un guide d'amour, mais un livre qui n'a pas d'autre ambition que celle de mener tous les amoureux du monde sur le chemin des bonnes tartes à la française et de leur permettre d'ajouter les plaisirs de la table à leurs jeux d'amour.

Petits trucs à savoir

Rien n'est plus simple à faire qu'une tarte. Lisez les conseils de la page suivante, vous ne raterez plus jamais vos pâtes et vous réussirez toutes les recettes de ce livre.

Réussir la pâte

Une tarte, c'est d'abord un fond de pâte. Celle-ci doit absolument être réussie. Selon le type de tarte que vous allez préparer (salée ou sucrée, chaude ou froide), la pâte sera différente. Il n'y a pas une recette de pâte; il y a des ingrédients de base: farine, sel, beurre; mais on y ajoute aussi des œufs, de la crème, de l'huile, du sucre, des parfums... On distingue plusieurs types de pâte: la pâte brisée, la pâte sablée et la pâte feuilletée.

— La pâte brisée: tamisez farine et sel dans une terrine; ajoutez le beurre et quelques cuillerées d'eau froide, en travaillant la pâte jusqu'à ce qu'elle soit lisse et se roule facilement en boule. Laissez reposer 30 mn au froid avant de l'abaisser. Vous conserverez cette pâte huit jours au froid dans un film plastique.
— La pâte sablée: tamisez farine, sel et sucre. Creusez un puits, ajoutez le beurre et «sablez» la pâte: frottez un peu de préparation entre vos mains et faites-la retomber sous forme de sable. Incorporez ensuite l'œuf et quelques cuillerées d'eau froide et continuez de travailler rapidement, du bout des doigts, jusqu'à ce que la pâte soit ferme. Laissez-la reposer au réfrigérateur et conservez-la de la même façon que la pâte sablée.
— La pâte feuilletée: elle se fait avec la même quantité de beurre et de farine, de l'eau et du sel. Sa préparation étant longue et délicate, nous vous donnons ici une recette de pâte rapide et facile à réussir.

1. Tamisez 200 g de farine sur le plan de travail, faites un puits au centre, ajoutez-y 1 dl d'eau froide, 1 cuillerée à café de sel et 75 g de beurre froid, en noisettes. Travaillez le tout, jusqu'à obtention d'une pâte souple, lisse et élastique. Laissez-la reposer 2 h au réfrigérateur.
2. Abaissez ensuite cette pâte sur 5 mm d'épaisseur, en un rectangle, et répartissez le reste de beurre, toujours froid, sur un tiers du rectangle de pâte. Repliez la pâte de façon à enfermer complètement le beurre et abaissez-la au rouleau (délicatement, afin de ne pas en faire ressortir le beurre), sur 5 mm d'épaisseur.
3. Pliez-la en trois, faites-la pivoter d'un quart de tour, abaissez-la à nouveau puis pliez-la encore en trois: vous venez de lui donner deux tours. Laissez reposer la pâte 15 mn au froid, donnez-lui deux tours et recommencez l'opération jusqu'à ce que la pâte ait six tours: elle doit être utilisée aussitôt. Si vous voulez la conserver trois jours au froid, ne lui donnez les deux derniers tours qu'au dernier moment.

Quel que soit le type de pâte que vous allez réaliser, il vous faudra respecter quelques petites règles toutes simples.
— La matière grasse: elle doit toujours être froide, à la température du réfrigérateur. Nous vous proposons le plus souvent d'utiliser du beurre, mais vous pouvez aussi utiliser de la margarine ou du saindoux. La pâte feuilletée, cependant, sera plus fine préparée au beurre.
— La farine: ayez soin de toujours la tamiser, la pâte sera plus facile à travailler.
— L'eau: si la pâte que vous préparez est trop sèche, ajouter de l'eau froide; mais ceci n'est pas obligatoire.
— Le sel et le sucre: que la tarte soit salée ou sucrée, une pincée de sel et de sucre sont toujours les bienvenues.
— Le travail de la pâte: il ne doit jamais être très long; cela rend la pâte difficile à manier et à étaler.
— Le temps de repos de la pâte: pour une pâte de type brisée ou sablée, il est indispensable de compter un temps de repos, de 30 mn à 24 h. La pâte perdra ainsi son élasticité, deviendra facile à étaler et ne rétrécira pas à la cuisson.
— L'abaisse de pâte: lorsque vous abaissez la pâte (vous préparez l'abaisse), farinez toujours légèrement le plan de travail et le rouleau afin de rendre l'opération plus facile.
— La cuisson de la pâte: elle se fait toujours dans un four chaud, le thermostat étant entre 6 (200°) et 7 (230°).
— Les moules: choisissez-les en porcelaine à feu, en terre cuite, en fonte émaillée ou en métal. Si vous avez peur de démouler une tarte, choisissez un moule à fond amovible.

Cuire à blanc

La cuisson à blanc consiste à faire cuire le fond de tarte sans garniture, afin d'obtenir une pâte croustillante qui ne se ramollisse pas au contact de la garniture. Pour cela, il faut couvrir l'abaisse de papier sulfurisé ou d'aluminium et étaler une couche de haricots secs, de petits cailloux ou de petits plombs de porcelaine vendus pour cette utilisation. La cuisson se fait dans un four chaud (thermostat 7 soit 230°). Il faut ensuite découvrir le fond de tarte et le remettre au four, «nu», afin de terminer la cuisson, ou le garnir et continuer la cuisson afin de cuire la garniture.

Comment servir une tarte ?

Une tarte salée, si elle est servie avec un accompagnement approprié, peut constituer un repas complet. Une salade de saison, quelques crudités ou légumes cuits, et le tour est joué. Le dernier chapitre du volume est consacré à ces recettes. Vous y trouverez aussi des recettes sucrées qui vous permettront d'«habiller» toutes les tartes sucrées.

Polissonnes... mais délicieuses

Sous leur aspect croustillant, les tartes cachent une texture moelleuse et une douce saveur. Qui, d'ailleurs, pourrait résister à toutes ces somptueuses combinaisons de pâte, de fruits et de crème ?

Fabienne

Fabienne et Norman habitent une charmante fermette aux murs couverts de vigne vierge. Il arrive parfois que les jeunes fermiers leur offrent des pêches, des poires, des fraises et des framboises en échange de certains services rendus.

Amandine aux pêches ★★

Pour la pâte :
- □ *200 g de farine*
- □ *75 g de sucre*
- □ *1 jaune d'œuf*
- □ *100 g de beurre*
- □ *sel*

Pour la garniture :
- □ *75 g de beurre mou*
- □ *40 g de sucre*
- □ *2 jaunes d'œufs*
- □ *1 cuil. à soupe de Maïzena*
- □ *400 g de pêches au sirop*
- □ *65 g de poudre d'amandes*

1. Tamisez la farine et une pincée de sel dans une jatte. Coupez le beurre en noisettes et mélangez celles-ci à la farine. Travaillez les éléments du bout des doigts, jusqu'à obtention d'un mélange granuleux. Incorporez le sucre, puis le jaune d'œuf. Pétrissez la pâte en ajoutant peu à peu deux cuillerées à soupe d'eau froide et laissez-la reposer pendant 30 mn au réfrigérateur.
2. Au bout de ce temps, abaissez la pâte et garnissez-en un moule à tarte de 22 cm de diamètre, préalablement beurré. Piquez le fond à la fourchette.
3. Préparez la garniture : battez le beurre au fouet à main pour le réduire en pommade, puis ajoutez le sucre et les jaunes d'œufs, et battez encore. Incorporez la poudre d'amandes et la Maïzena.
4. Allumez le four, thermostat 6 (200°). Etalez la garniture sur le fond de tarte. Egouttez les pêches et posez-les sur la garniture, face bombée vers le dessus. Appuyez légèrement sur les moitiés de fruit du bout des doigts.
5. Glissez la tarte au four et faites-la cuire pendant 30 mn. Servez tiède ou froid.

Si vous faites cette tarte un peu à l'avance, ne la mettez pas au réfrigérateur car la pâte ramollirait, mais rangez-la dans une boîte hermétique à l'abri de la chaleur.

Tarte aux poires ★★

Pour la pâte :
- □ *200 g de farine*
- □ *3 cuil. à soupe de lait froid*
- □ *100 g de beurre*
- □ *sel*

Pour la garniture :
- □ *4 grosses poires mûres à point*
- □ *250 g de crème fraîche épaisse*
- □ *2 jaunes d'œufs*
- □ *2 cuil. à soupe de sucre*
- □ *1 cuil. à soupe de Calvados*

1. Tamisez la farine et une pincée de sel dans une jatte. Coupez le beurre en noisettes et mélangez-le à la farine. Travaillez du bout des doigts, jusqu'à obtention d'un mélange granuleux. Pétrissez la pâte en la mouillant peu à peu avec le lait. Laissez reposer pendant 30 mn au réfrigérateur.
2. Allumez le four, thermostat 6 (200°). Abaissez la pâte et garnissez-en un moule à tarte de 22 cm de diamètre, préalablement beurré. Lorsque le four est chaud, glissez-y le moule et faites cuire la pâte à blanc (p. 7) pendant 10 mn, jusqu'à ce qu'elle soit légèrement croustillante.
3. Pendant ce temps, préparez la garniture : battez la crème au fouet à main, avec les jaunes d'œufs, le sucre et le Calvados. Epluchez les poires, coupez-les en deux longitudinalement et retirez-en le cœur. Faites des incisions verticales sur la face bombée.
4. Lorsque le fond de tarte est cuit à blanc, sortez-le du four, sans éteindre celui-ci. Disposez-y les moitiés de poire en formant une étoile, face bombée vers le dessus, puis versez la garniture à la crème. Remettez pendant 30 mn au four. Servez chaud, tiède ou froid.

Tarte aux poires (à gauche). Amandine aux pêches (à droite) ▷

Marie-Thérèse

Petite, Marie-Thérèse adorait que sa nounou lui brosse la chevelure avant le coucher. Aujourd'hui, Marie-Thérèse est une jeune et belle femme à la peau très douce. Elle avoue qu'elle ne parvient pas à se résigner à épouser un homme. Elle les aime tant. « Celui qui me mariera, devra savoir me caresser longuement les cheveux », avoue-t-elle.

Tarte au flan aux mûres ★★

Pour la pâte :
- □ *200 g de farine*
- □ *100 g de beurre*
- □ *75 g de sucre*
- □ *1 œuf*
- □ *sel*

Pour la garniture :
- □ *400 g de mûres*
- □ *150 g de sucre*
- □ *125 g de farine*
- □ *2,5 dl de lait*
- □ *3 œufs*
- □ *1 cuil. à soupe de crème fraîche épaisse*

1. Lavez les mûres, égouttez-les et équeutez-les, si besoin est. Mélangez-les avec le sucre et laissez-les macérer 1 h.
2. Tamisez la farine et une pincée de sel dans une jatte. Coupez le beurre en noisettes et mélangez-le à la farine. Travaillez le tout du bout des doigts, jusqu'à obtention d'un mélange granuleux. Incorporez le sucre puis le jaune d'œuf. Pétrissez la pâte en ajoutant peu à peu deux à trois cuillerées à soupe d'eau froide. Laissez-la reposer pendant 30 mn au réfrigérateur.
3. Au bout de ce temps, allumez le four, thermostat 6 (200°). Abaissez la pâte et garnissez-en un moule, beurré, de 24 cm de diamètre. Lorsque le four est chaud, glissez-y le moule et faites cuire la pâte à blanc (p. 7) pendant 10 mn.
4. Cassez les œufs et battez-les avec la farine à l'aide d'un fouet à main. Incorporez peu à peu le lait. Ajoutez la crème fraîche et mélangez.
5. Réglez le thermostat à 5 (170°). Mélangez les mûres avec la préparation aux œufs, puis versez le tout dans le moule. Mettez au four et laissez cuire 30 ou 40 mn, jusqu'à ce que la tarte soit gonflée et dorée. Servez tiède avec de la glace à la vanille (p. 82) ou froid avec de la crème fraîche.

◁ *Tarte à l'orange*

Tarte à l'orange ★★

Pour la pâte :
- □ *200 g de farine*
- □ *100 g de beurre*
- □ *sel*

Pour la garniture :
- □ *3 oranges non traitées*
- □ *125 g de sucre*
- □ *40 g de farine*
- □ *3 dl de lait*
- □ *2 œufs + 3 jaunes*

Pour la décoration :
- □ *1 orange*
- □ *crème fouettée*

1. Préparez la pâte : tamisez la farine et une pincée de sel dans une jatte. Coupez le beurre en noisettes et incorporez-le à la farine. Travaillez du bout des doigts, jusqu'à ce que le mélange devienne granuleux. Pétrissez la pâte en la mouillant peu à peu de deux à trois cuillerées à soupe d'eau froide, puis laissez-la reposer 30 mn au réfrigérateur.
2. Préparez la garniture : lavez les oranges, essuyez-les et râpez-en finement le zeste. Coupez-les en deux et pressez-les. Faites bouillir le lait dans une casserole, ajoutez le zeste d'orange et laissez-le infuser hors du feu. Cassez les œufs entiers, battez-les avec les jaunes supplémentaires et le sucre, jusqu'à ce que le mélange blanchisse. Tamisez la farine et incorporez-la peu à peu à la préparation. Ajoutez le jus d'orange, le lait tiède et mélangez. Laissez refroidir.
3. Lorsque la pâte est reposée, garnissez-en un moule à tarte, beurré, de 22 cm de diamètre, piquez-la à la fourchette. Allumez le four, thermostat 6 (200°) et, lorsqu'il est chaud, faitez-y cuire le fond de tarte à blanc (p. 7) pendant 10 mn, jusqu'à ce qu'il soit légèrement croustillant.
4. Sortez le moule du four, sans éteindre celui-ci. Versez la garniture sur le fond de tarte et remettez au four. Laissez cuire pendant 40 mn.
5. Préparez la décoration : épluchez l'orange à vif et séparez-la en quartiers. Retirez la membrane de peau qui enveloppe ces derniers. Introduisez la crème fouettée dans une poche à pâtisserie munie d'une petite douille cannelée.
6. Lorsque la tarte est cuite, laissez-la refroidir. Encore tiède, décorez-la avec les tranches d'orange en formant une couronne et des rosettes de crème fouettée.

Joëlle

Joëlle est une opulente crémière normande, pleine de santé. Elle n'a pas oublié le jour où elle a envoyé à Norbert un de ces délicieux petits fromages en forme de cœur qu'elle avait pris l'habitude de remettre à chaque homme dont elle tombait amoureuse. Joëlle a épousé Norbert. Il est le dernier a avoir reçu ce message si original.

Tarte au fromage et aux framboises ★

Pour la pâte :
- □ *200 g de farine*
- □ *2 cuill. à soupe de sucre*
- □ *1 œuf*
- □ *100 g de beurre*
- □ *sel*

Pour la garniture
- □ *500 g de framboises*
- □ *250 g de fromage blanc égoutté (faisselle)*
- □ *1 cuil. à soupe de sucre*

Pour le glaçage :
- □ *3 cuil. à soupe de gelée de groseille*
- □ *1 cuil. à soupe de Cointreau*

1. Tamisez la farine et une pincée de sel dans une jatte. Coupez le beurre en noisettes et mélangez-le à la farine. Travaillez le tout du bout des doigts, jusqu'à obtention d'un mélange granuleux. Incorporez le sucre. Cassez l'œuf dans un bol et battez-le. Versez-le dans la jatte et pétrissez la pâte, en la mouillant peu à peu de deux à trois cuillerées à soupe d'eau froide. Laissez reposer 30 mn au réfrigérateur.
2. Allumez le four, thermostat 6 (200°). Abaissez la pâte et garnissez-en un moule à tarte de 22 cm de diamètre. Piquez légèrement le fond à la fourchette et recouvrez-le successivement de papier d'aluminium et de haricots secs. Lorsque le four est chaud, glissez-y le moule et faites cuire la pâte à blanc (p. 7) pendant 15 mn, jusqu'à ce qu'elle commence à être croustillante. Découvrez ensuite le fond de tarte et laissez-le cuire pendant encore 8 à 10 mn, jusqu'à ce qu'il soit bien croustillant. Laissez-le refroidir complètement.
3. Battez le fromage blanc au fouet à main pour le rendre lisse, ajoutez-y le sucre et étalez-le sur le fond de la tarte. Recouvrez avec les framboises, en couronnes successives.
4. Faites fondre la gelée de groseille dans une petite casserole et incorporez-y le Cointreau. Enduisez les framboises de ce glaçage. Servez froid dans les 24 h.

Tarte au citron ★★

Pour la pâte:
- □ *220 g de farine*
- □ *125 g de beurre*
- □ *sel*

Pour la garniture :
- □ *3 œufs*
- □ *3 gros citrons verts juteux*
- □ *125 g de beurre*
- □ *100 g de poudre d'amandes*
- □ *150 g de sucre semoule*

1. Préparez la pâte : tamisez la farine et une pincée de sel dans une terrine. Faites un puits au centre, ajoutez-y le beurre en noisettes et travaillez du bout des doigts, en y incorporant deux à trois cuillerées à soupe d'eau froide, jusqu'à obtention d'une pâte lisse. Laissez reposer 30 mn au réfrigérateur.
2. Pendant ce temps, préparez la garniture : lavez les citrons, essuyez-les et râpez le zeste de deux d'entre eux au-dessus d'un bol. Coupez les trois fruits et pressez-les. Versez leur jus dans le bol. Faites fondre le beurre dans une petite casserole puis laissez-le refroidir.
3. Mettez sucre et poudre d'amandes dans une terrine. Ajoutez le beurre froid et mélangez bien avec une spatule. Cassez-y les œufs, un à un, en mélangeant bien. Ajoutez enfin jus et zeste de citrons et mélangez une dernière fois.
4. Allumez le four, thermostat 7 (230°). Lorsque la pâte a suffisamment reposé, abaissez-la et garnissez-en un moule à tarte, beurré, de 24 cm de diamètre. Piquez le fond de la tarte de quelques coups de fourchette et versez-y la crème au citron. Glissez le moule dans le four chaud et laissez cuire pendant 30 mn.
5. Lorsque la tarte est cuite, retirez-la du four, laissez-la reposer 10 mn dans son moule puis démoulez-la ou servez-la dans son moule, tiède ou froide.

Tarte au fromage et aux framboises ▷

Pascal
Albert
Jean Lais
Pierre
Francois

Marie

Marie organise des soirées dans son appartement au 25ᵉ étage d'une des plus hautes tours de la Défense. Ses fêtes ont un succès fou. Marie prétend qu'elle doit cette réussite à son gâteau très spécial qu'elle nomme « Bande de fruits ».

Bande de fruits ★★★

- □ *200 g de pâte feuilletée*

Pour la crème pâtissière :
- □ *2 dl de lait*
- □ *2 jaunes d'œufs*
- □ *2 cuil. à soupe de sucre*
- □ *1 cuil. à soupe de Maïzena*
- □ *extrait de vanille*

Pour la garniture :
- □ *1 mangue*
- □ *2 rondelles d'ananas*
- □ *1 kiwi*
- □ *150 g de cerises au marasquin*
- □ *150 g de framboises*

Pour le glaçage :
- □ *2 cuil. à soupe de confiture d'abricots*

1. Abaissez la pâte feuilletée en un long rectangle de 12 cm de large. Repliez celui-ci en deux et découpez une bande de un cm sur les trois côtés libres. Ouvrez le rectangle de pâte et passez-le au rouleau de façon à gagner deux cm sur la longueur et la largeur.
2. Allumez le four, thermostat 6 (200°). Sortez une plaque de l'appareil et humectez-la. Etalez la pâte dessus, piquez avec la fourchette et humectez-en les bords. Ouvrez la bande de pâte que vous avez découpée et posez-la sur le rectangle, afin de former un rebord, pressez-la avec les doigts pour la souder. Faites cuire pendant 25 mn au four, et réduisez le thermostat à 5 (170°) au bout de 10 mn.
3. Pendant ce temps, préparez la crème pâtissière : battez les jaunes d'œufs, et le sucre dans une jatte, jusqu'à ce que le mélange blanchisse, puis ajoutez la Maïzena et mélangez bien. Faites bouillir le lait dans une petite casserole et versez-le doucement dans la jatte en remuant. Ajoutez quelques gouttes d'extrait de vanille et reversez le tout dans la casserole. Faites cuire sur feu doux en mélangeant à la cuillère de bois, jusqu'à ce que la crème épaississe. Retirez du feu et couvrez, afin que la crème refroidisse sans former une peau à sa surface.
4. Préparez la garniture : épluchez la mangue, coupez-la en deux et retirez-en le noyau ; recoupez chaque moitié en lamelles. Coupez les rondelles d'ananas en dés. Pelez le kiwi et coupez-le en rondelles.
5. Lorsque le fond de tarte est cuit, retirez-le du four et laissez-le refroidir. Etalez-y la crème pâtissière en une couche uniforme, puis les fruits en bandes longitudinales. Faites fondre la confiture d'abricots dans une petite casserole avec une cuillerée à soupe d'eau, tamisez-la et enduisez-en les fruits. Servez froid, dans les 2 à 3 h qui suivent.

◁ *Tartelettes au citron (à gauche). Bande de fruits (à droite)*

Tartelettes au citron ★★

Pour la pâte :
- □ *200 g de farine*
- □ *1 jaune d'œuf*
- □ *100 g de beurre*
- □ *sel*

Pour la garniture :
- □ *150 g de sucre*
- □ *1 citron non traité*
- □ *rondelles de citron cristallisé*
- □ *1 œuf*
- □ *65 g de beurre*

1. Tamisez la farine et une pincée de sel dans une jatte. Coupez le beurre en noisettes et mélangez-le à la farine. Travaillez ces éléments du bout des doigts, jusqu'à obtention d'un mélange granuleux. Incorporez le jaune d'œuf à l'aide d'une fourchette, puis pétrissez la pâte en la mouillant peu à peu de deux à trois cuillerées à soupe d'eau froide. Laissez reposer celle-ci pendant 30 mn au réfrigérateur.
2. Pendant ce temps, préparez la garniture : lavez le citron, essuyez-le et râpez-en finement le zeste ; coupez-le ensuite en deux et pressez-le. Cassez l'œuf dans une jatte et battez-le au fouet à main avec le sucre, puis incorporez le zeste et le jus du citron. Faites fondre le beurre et versez-le dans la préparation. Mélangez.
3. Lorsque la pâte est reposée, sortez-la du réfrigérateur. Abaissez-la et garnissez-en une dizaine de moules à tartelettes beurrés. Piquez légèrement le fond à la fourchette.
4. Allumez le four, thermostat 5 (170°). Remplissez les fonds de tartelettes avec la garniture et, lorsque le four est chaud, glissez-y les moules. Faites cuire pendant 25 mn, jusqu'à ce que les tartelettes soient fermes sur le dessus. Laissez refroidir complètement celles-ci, puis démoulez-les et décorez-les de rondelles de citron cristallisé.

Céline

Céline est une jeune femme au caractère d'acier et au corps rond. Elle aime les plantes. Elle travaille chez un horticulteur. Eté comme hiver, elle vit en plein air, ce qui lui donne un appétit féroce. En vacances, elle sort peu, mais elle garde une faim de louve qu'il n'est pas facile d'assouvir !

Tarte au riz ★★★

Pour la pâte :
- □ *250 g de farine*
- □ *100 g de sucre*
- □ *1 œuf*
- □ *125 g de beurre*
- □ *sel*

Pour la garniture :
- □ *extrait de vanille*
- □ *100 g de riz rond*
- □ *50 g de gingembre cristallisé*
- □ *50 g d'ananas cristallisé*
- □ *75 g de sucre semoule + 5 morceaux*
- □ *4 dl de lait*
- □ *1 œuf + 2 blancs*
- □ *2 cuil. à soupe de crème fraîche*
- □ *2 cuil. à soupe de rhum ambré*
- □ *40 g de beurre*

1. Tamisez la farine et une pincée de sel dans une jatte. Coupez le beurre en noisettes et mélangez-le à la farine. Travaillez du bout des doigts, jusqu'à ce que le mélange devienne granuleux. Ajoutez le sucre. Cassez l'œuf dans un bol, battez-le, puis incorporez-le à la pâte. Pétrissez celle-ci en la mouillant peu à peu avec deux à trois cuillerées à soupe d'eau froide. Laissez-la reposer pendant au moins 1 h au réfrigérateur.
2. Pendant ce temps, préparez la garniture : versez quelques gouttes d'extrait de vanille dans le lait et faites bouillir ce dernier. Lavez le riz, égouttez-le et versez-le dans le lait. Mélangez et laissez cuire pendant 25 mn à petits frémissements, en couvrant à demi. Retirez ensuite du feu.
3. Hachez le gingembre et l'ananas. Cassez l'œuf dans un bol et battez-le. Ajoutez au riz : le gingembre, l'ananas, le sucre semoule, l'œuf battu, la crème fraîche et le rhum. Mélangez bien.
4. Lorsque la pâte est reposée, abaissez-la et garnissez-en un moule à tarte, beurré, de 25 cm de diamètre. Ecrasez grossièrement les morceaux de sucre. Battez les blancs d'œufs en neige ferme et incorporez-les à la préparation au riz. Faites fondre le beurre dans une petite casserole et retirez-le du feu.
5. Allumez le four, thermostat 6 (200°). Etalez la garniture sur le fond de tarte, puis versez le beurre fondu dessus. Parsemez de sucre écrasé. Enfournez dès que le four est chaud et laissez cuire 30 à 35 mn. Servez chaud, tiède ou froid.

Enveloppe aux abricots ★★★

- □ *500 g de pâte feuilletée*
- □ *75 g de poudre d'amandes*
- □ *75 g de sucre semoule +1 cuil. à café*
- □ *75 g de beurre mou*
- □ *400 g d'abricots au sirop*
- □ *1 cuil. à soupe de farine*
- □ *1 gros œuf + 1 jaune*
- □ *extrait d'amandes*
- □ *1 cuil. à soupe de sucre glace*

1. Abaissez la pâte feuilletée en un carré. Etalez-le sur la plaque du four, préalablement humidifiée.
2. Battez le beurre et les 75 g de sucre au fouet à main et incorporez-y la farine. Cassez l'œuf et ajoutez-le à la préparation ainsi que la poudre d'amandes et quelques gouttes d'extrait d'amandes. Battez le tout, jusqu'à obtention d'une pâte lisse. Etalez cette pâte sur le carré de pâte feuilletée.
3. Allumez le four, thermostat 7 (230°). Egouttez les abricots et passez-les au mixer pour les réduire en purée. Etalez celle-ci sur la pâte d'amandes. Rabattez les quatre coins du carré de pâte feuilletée pour faire une enveloppe. Battez le jaune d'œuf avec la cuillerée à café de sucre semoule et enduisez-en les quatre triangles de l'enveloppe.
4. Glissez la plaque au four et faites cuire l'enveloppe pendant 10 mn. Réduisez ensuite le thermostat à 6 (200°) et laissez la cuisson se poursuivre pendant encore 15 à 20 mn. Poudrez de sucre glace tamisé juste avant la fin de la cuisson. Servez tiède ou froid.

Tarte au riz (à gauche). Enveloppe aux abricots (à droite)
Tartelettes aux deux raisins (en haut), recette page 21 ▷

VIE SPORTIVE
« sans risques »
ATHLETISME

Martine

Martine est une secrétaire fort compétente dont les attentions délicates et assidues pour son patron n'ont d'égal que les talents culinaires.

Tartelettes aux deux raisins ★★

Pour la pâte :
- *200 g de farine*
- *100 g de beurre*
- *Sel*

Pour la garniture :
- *300 g de raisin blanc*
- *125 g de raisin noir*
- *2 œufs*
- *6 cuil. à soupe de crème fraîche épaisse*
- *3 cuil. à soupe de poudre d'amandes*
- *3 cuil. à soupe de sucre*

1. Tamisez la farine et une pincée de sel dans une jatte. Coupez le beurre en noisettes et mélangez-le à la farine. Travaillez du bout des doigts, jusqu'à obtention d'un mélange granuleux. Pétrissez la pâte en la mouillant peu à peu de deux à trois cuillerées à soupe d'eau froide. Laissez reposer 30 mn au réfrigérateur.
2. Au bout de ce temps, allumez le four, thermostat 6 (200°). Abaissez la pâte et garnissez-en des moules à tartelettes beurrés. Lorsque le four est chaud, faites cuire les fonds de tartelettes pendant 5 mn à blanc (p. 7), puis retirez-les et découvrez-les. Réduisez le thermostat à 5 (170°).
3. Lavez le raisin, égrenez-le, épépinez-le et pelez-le. Mettez les grains dans les fonds de tartelettes. Cassez les œufs dans une deuxième jatte et battez-les avec le sucre, puis la poudre d'amandes. Incorporez la crème fraîche. Versez la préparation sur les grains de raisin en lissant la surface.
4. Mettez les tartelettes au four et laissez-les cuire pendant 15 mn. Servez froid.

Tartelettes aux abricots ★★★

Pour la pâte :
- *200 g de farine*
- *100 g de beurre*
- *Sel*

Pour la garniture :
- *400 g d'abricots au sirop*
- *2 dl de lait*
- *3 cuil. à soupe de confiture d'abricots*
- *2 cuil. à soupe de sucre*
- *1 cuil. à soupe de Maïzena*
- *2 jaunes d'œufs*
- *feuilles de menthe fraîche*

1. Tamisez la farine et une pincée de sel dans une jatte. Découpez le beurre en noisettes et mélangez celles-ci à la farine. Travaillez le tout du bout des doigts pour obtenir un mélange granuleux. Pétrissez la pâte en la mouillant progressivement de deux à trois cuillerées à soupe d'eau froide. Laissez reposer 30 mn au réfrigérateur.
2. Au bout de ce temps, allumez le four, thermostat 6 (200°). Abaissez la pâte et garnissez-en des moules à tartelettes, beurrés. Piquez légèrement les fonds de tartelettes à la fourchette et faites-les cuire pendant 10 mn à blanc (p. 7) dans le four chaud, jusqu'à ce qu'ils soient légèrement croustillants.
3. Pendant ce temps, préparez la crème pâtissière : battez au fouet les jaunes d'œufs avec le sucre dans une petite casserole jusqu'à ce que le mélange blanchisse, puis incorporez la Maïzena. Ajoutez un peu de lait, toujours en battant. Placez la casserole sur feu doux et continuez de battre en versant peu à peu le reste du lait. Laissez épaissir en mélangeant et retirez du feu.
4. Sortez les fonds de tartelettes du four, sans éteindre celui-ci, et découvrez-les. Enduisez-les de confiture d'abricots (une cuillerée à soupe au total), puis étalez-y la crème pâtissière. Egouttez les oreillons d'abricots et posez-les sur la crème, face bombée vers le dessus. Décorez de feuilles de menthe.
5. Faites fondre le reste de la confiture d'abricots avec une cuillerée à soupe d'eau dans une petite casserole. Tamisez-la puis badigeonnez-en les abricots. Remettez pendant 5 à 10 mn au four. Servez tiède ou froid.

◁ *Tartelettes aux abricots*

Christine

Cette beauté à la peau nacrée a vécu un an à Paris, en préparant des hamburgers pour des enfants, avant de rencontrer un romantique Anglais qui est tombé amoureux fou d'elle. Il a abandonné sa « cup of tea » de cinq heures pour des jeux plus corsés.

Tarte aux figues ⋆

Pour la pâte :
- □ *200 g de farine*
- □ *100 g de beurre*
- □ *sel*

Pour la garniture :
- □ *250 g de figues sèches*
- □ *1,5 dl de lait*
- □ *2 jaunes d'œufs*
- □ *2 cuil. à soupe de sucre*
- □ *2 cuil. à soupe de confiture d'abricots*
- □ *1 cuil. à soupe de Maïzena*

1. Tamisez la farine et une pincée de sel dans une jatte. Coupez le beurre en noisettes et mélangez-le à la farine. Travaillez le tout du bout des doigts pour obtenir un mélange granuleux. Pétrissez la pâte en la mouillant de deux à trois cuillerées à soupe d'eau glacée. Laissez reposer 30 mn au réfrigérateur.
2. Au bout de ce temps, allumez le four, thermostat 6 (200°). Abaissez la pâte et garnissez-en un moule, beurré, de 22 cm de diamètre. Faites cuire le fond de tarte pendant 15 mn à blanc (p. 7), dans le four chaud.
3. Pendant ce temps, préparez la garniture : battez les jaunes d'œufs dans une autre jatte avec le sucre, jusqu'à ce que le mélange blanchisse, puis ajoutez la Maïzena. Faites bouillir le lait dans une petite casserole et versez-le dans la jatte. Mélangez, puis reversez le tout dans la casserole. Faites cuire à feu doux, en mélangeant à la cuillère de bois, jusqu'à ce que la préparation épaississe. Laissez refroidir. Equeutez les figues et coupez-les en lamelles.
4. Lorsque le fond de tarte est légèrement croustillant, sortez-le du four, sans éteindre celui-ci, et découvrez-le. Etalez-y la crème aux œufs, puis posez les lamelles de figues en les enfonçant légèrement dans la crème.
5. Faites fondre la confiture d'abricots avec une cuillerée à soupe d'eau, puis tamisez-la et badigeonnez-en légèrement les figues. Remettez pendant 10 mn au four. Servez froid.

Tarte au miel et aux noix ⋆

Pour la pâte :
- □ *200 g de farine*
- □ *1 cuil. à café de sucre*
- □ *100 g de beurre*
- □ *sel*

Pour la garniture :
- □ *500 g de miel liquide*
- □ *250 g de cerneaux de noix*

1. Tamisez la farine et une pincée de sel dans une jatte. Découpez le beurre en noisettes et mélangez celles-ci à la farine. Travaillez du bout des doigts, jusqu'à obtention d'un mélange granuleux. Ajoutez le sucre. Pétrissez la pâte en la mouillant peu à peu de deux à trois cuillerées à soupe d'eau glacée. Laissez reposer 30 mn au réfrigérateur.
2. Au bout de ce temps, allumez le four, thermostat 6 (200°). Abaissez la pâte et garnissez-en un moule à tarte de 22 cm de diamètre. Piquez légèrement le fond de tarte à la fourchette, puis faites-le cuire pendant 20 mn à blanc (p. 7), dans le four chaud.
3. Pendant ce temps, mettez huit cerneaux de noix de côté pour la décoration et effritez le reste entre vos doigts. Mélangez ces morceaux de noix avec le miel.
4. Lorsque le fond de tarte est pratiquement cuit, sortez-le du four, sans éteindre celui-ci. Découvrez-le et étalez-y la garniture. Remettez pendant 10 mn au four. Décorez avec les cerneaux de noix entiers. Servez tiède ou froid.

Tarte au miel et aux noix ▷

cresc.
simile
sempre cresc.

Paule

Paule jouait gravement du violoncelle. La flûte de Pierre a trouvé les accords parfaits pour la faire vibrer plus harmonieusement.

Cœur de poire au chocolat ★

Pour la pâte :
- □ *2 grosses poires*
- □ *100 g de farine à levure incorporée*
- □ *100 g de sucre*
- □ *2 œufs*
- □ *1 cuil. à soupe bombée de cacao non sucré*
- □ *1 cuil. à café de café instantané en poudre*
- □ *1 cuil. à soupe de Grand Marnier*
- □ *1/2 cuil. à café de levure chimique*
- □ *100 g de beurre*

1. Tapissez un moule, en forme de cœur, de papier sulfurisé. Epluchez les poires, coupez-les en deux et retirez-en le cœur. Recoupez chaque moitié en lamelles. Faites fondre le café dans une cuillerée à soupe d'eau chaude. Cassez les œufs dans le bol d'un mixer ou d'un robot, ajoutez la farine, le sucre, le cacao, le café, la levure et le beurre en noisettes. Mixez le tout jusqu'à obtention d'une pâte lisse.
2. Allumez le four, thermostat 6 (200°). Disposez les lamelles de poire dans le fond du moule (voir photo), puis versez la pâte dessus en lissant la surface. Glissez le moule dans le four chaud et faites cuire pendant 30 à 35 mn.
3. Démoulez le gâteau, laissez-le refroidir. Encore tiède, arrosez-le de Grand Marnier. Faites-le glissez sur un plat de service avant de le déguster.

◁ *Cœur de poire au chocolat*

Galette au citron ★★★

Pour la pâte :
- □ *250 g de farine*
- □ *1 citron non traité*
- □ *1 sachet de levure lyophilisée*
- □ *1 œuf*
- □ *2 cuil. à soupe de sucre semoule*
- □ *sucre glace*
- □ *150 g de beurre mou*
- □ *sel*

Faites fondre dans un verre de 2 dl de contenance, une demi-cuillerée à café de sucre semoule dans deux cuillerées à soupe d'eau chaude. Ajoutez la levure et laissez-la gonfler, jusqu'à ce qu'elle arrive au bord du verre.
2. Tamisez la farine et une pincée de sel dans une jatte. Lavez le citron, essuyez-le et râpez-en le zeste. Cassez l'œuf dans un bol et battez-le. Coupez le beurre en noisettes.
3. Lorsque la levure est gonflée ajoutez-la à la farine avec le zeste de citron et l'œuf. Battez le tout, en ajoutant le beurre par petites quantités. Pétrissez la pâte, jusqu'à ce qu'elle se détache des parois de la jatte. Couvrez celle-ci d'un linge. Laissez reposer la pâte de 1 h 30 à 2 h dans un endroit chaud, jusqu'à ce qu'elle double de volume.
4. Allumez le four, thermostat 7 (230°). Sortez une plaque de l'appareil, puis beurrez-la et poudrez-la de farine. Abaissez la pâte sur cette plaque en un disque de 25 cm de diamètre, en la pressant avec vos mains. Rabattez le bord de la pâte sur 1,5 cm et poudrez l'intérieur de sucre glace tamisé.
5. Mettez au four et laissez cuire pendant 8 ou 10 mn, jusqu'à ce que la galette soit dorée sur les bords. Laissez-la refroidir sur une grille avant de la déguster.

Marie-Pierre

«Inquiète est la tête qui porte une couronne». Marie-Pierre est comédienne. Elle a fait sien ce vers tiré du «Henri IV» de Shakespeare. Surnommée «la Reine des cœurs» elle avoue que sa couronne l'embarrasse au lit et qu'elle n'hésite pas à l'enlever... avec tout le reste.

Tarte aux cerises ★★

Pour la pâte:
- □ *200 g de farine*
- □ *125 g de beurre*
- □ *sel*

Pour la garniture:
- □ *1 kg de cerises*
- □ *125 g de sucre glace*
- □ *125 g de poudre d'amandes*
- □ *125 g de beurre*
- □ *2 œufs*
- □ *1 cuil. à soupe de Maïzena*
- □ *2 cuil. à soupe de kirsch*
- □ *4 cuil. à soupe de gelée de groseille*

1. Préparez la pâte: tamisez la farine et une pincée de sel dans une terrine. Faites un puits au centre, ajoutez-y le beurre en noisettes et travaillez le tout du bout des doigts, en y incorporant deux à trois cuillerées à soupe d'eau froide, jusqu'à obtention d'une pâte lisse. Laissez reposer pendant 30 mn au réfrigérateur.
2. Pendant ce temps, préparez la garniture: faites fondre le beurre dans une petite casserole et laissez-le refroidir. Mélangez le sucre et la poudre d'amandes dans une terrine, ajoutez-y le beurre froid et mélangez bien avec une spatule. Ajoutez les œufs, sans cesser de mélanger, puis la Maïzena. Mélangez encore.
3. Allumez le four, thermostat 6 (200°). Lorsque la pâte a suffisamment reposé, abaissez-la et garnissez-en un moule à tarte, beurré, de 24 cm de diamètre. Piquez le fond de la tarte de quelques coups de fourchette et étalez-y la moitié de la crème à la poudre d'amandes.
4. Dénoyautez les cerises et rangez-les sur la crème. Etalez le reste de la crème à la poudre d'amandes. Glissez la tarte au four et laissez cuire pendant 40 mn.
5. Lorsque la tarte est cuite, laissez-la reposer 5 mn dans son moule puis démoulez-la sur un plat de service. Faites fondre la gelée de groseille dans une petite casserole puis ajoutez le kirsch lorsque la gelée est encore tiède. Mélangez et nappez la tarte de cette préparation. Dégustez froid.

Pithiviers ★★

- □ *400 g de pâte feuilletée*
- □ *100 g de poudre d'amandes*
- □ *100 g de sucre glace*
- □ *1 œuf + 1 jaune*
- □ *2 cuil. à soupe de Cointreau*
- □ *50 g de beurre mou*

1. Abaissez la pâte feuilletée et découpez-y un disque de 22 cm de diamètre et un autre disque de 27 cm de diamètre.
2. Préparez la crème d'amandes: cassez l'œuf entier dans une jatte. Ajoutez la poudre d'amandes, le sucre, le Cointreau et le beurre en noisettes. Battez le tout au fouet jusqu'à obtention d'une pâte lisse.
3. Allumez le four, thermostat 7 (230°). Garnissez un moule, beurré, de 22 cm de diamètre avec le plus grand disque de pâte. Etalez la crème d'amandes sur le fond, puis humectez les bords de la pâte. Recouvrez le tout avec le deuxième disque et pressez les bords pour les souder.
4. Délayez le jaune d'œuf avec un peu d'eau et badigeonnez-en le dessus du pithiviers. Creusez des sillons en forme de croisillons avec une lame de couteau. Glissez le moule au four et faites cuire le pithiviers 40 mn. Servez chaud.

Pithiviers ▷

Annie

Cette jeune Bretonne aux yeux de braises ne manque pas une seule fête de l'été. Elle n'a pas son égal pour danser le branle au son du biniou. A la fin de la danse, elle se laisse souvent entraîner par ses partenaires vers les prés voisins, pour laisser éclater sa joie de vivre.

Far breton ⋆

- □ *200 g de pruneaux dénoyautés*
- □ *200 g de farine*
- □ *200 g de sucre*
- □ *6 œufs*
- □ *1 litre de lait*
- □ *2 cuil. à soupe de Calvados (facultatif)*
- □ *sel*

1. Coupez les pruneaux en deux, mettez-les dans une terrine, arrosez-les de Calvados et laissez-les gonfler. Cassez les œufs dans une jatte et battez-les avec le sucre. Incorporez peu à peu la farine, en mélangeant, jusqu'à obtention d'une pâte lisse. Ajoutez une pincée de sel. Versez le lait par petites quantités et mélangez : la pâte doit avoir la consistance d'une pâte à crêpe épaisse.
2. Allumez le four, thermostat 5 (170°). Versez la pâte dans un plat à four, beurré, de 25 cm de côté. Répartissez les pruneaux sur la pâte. Lorsque le four est chaud, glissez-y le plat et faites cuire pendant 1 h environ jusqu'à ce que le far soit ferme et doré. Servez tiède ou froid, dans le plat de cuisson.

Gâteau breton ⋆

- □ *350 g de farine*
- □ *250 g de sucre*
- □ *6 jaunes d'œufs*
- □ *1 cuil. à soupe de lait*
- □ *1/2 cuil. à café de levure chimique*
- □ *250 g de beurre mou demi-sel*

1. Coupez le beurre en noisettes et battez-le, au fouet, avec le sucre. Ajoutez cinq jaunes d'œufs sans cesser de battre. Incorporez peu à peu la farine et la levure, après les avoir tamisées, jusqu'à obtention d'une pâte lisse.
2. Allumez le four, thermostat 6 (200°). Etalez la pâte dans un moule à manqué, beurré, de 18 cm de diamètre en lissant la surface.
3. Délayez le dernier jaune d'œuf avec le lait et enduisez-en le dessus du gâteau. Faites cuire pendant 40 mn au four, jusqu'à ce que le gâteau soit doré sur le dessus.
4. Démoulez le gâteau et retournez-le sur la grille de la lèchefrite pour y former des stries. Servez froid.

◁ *Gâteau breton (à gauche). Far breton (à droite)*

Véronique

La sage Véronique dont le cœur a été révélé par la forme du marchand de cycles, sourit. Elle a enfin compris, l'heureuse Véronique, qu'elle ne devait sa frigidité qu'au manque de générosité de son gras mari.

Tarte aux fruits secs ★★

Pour la pâte :
- *200 g de farine*
- *125 g de beurre*
- *1 jaune d'œuf*
- *1 cuil. à soupe de crème fraîche épaisse*
- *sel*

Pour la garniture :
- *24 pruneaux*
- *24 cerneaux de noix*
- *12 abricots secs*
- *1 orange non traitée*
- *50 g de beurre ramolli*
- *3 cuil. à soupe de confiture d'abricots*
- *1 jaune d'œuf*
- *1 cuil. à café de lait*

1. La veille de la cuisson de la tarte, mettez les pruneaux et les abricots dans deux terrines, couvrez-les largement d'eau froide et laissez-les tremper. Vous pouvez aussi préparer la pâte : tamisez la farine et une pincée de sel dans une terrine, faites un puits au centre, mettez-y le beurre en noisettes et travaillez du bout des doigts, jusqu'à obtention d'une préparation granuleuse. Ajoutez alors le jaune d'œuf, puis la crème et continuez de travailler jusqu'à obtention d'une pâte lisse et homogène, en ajoutant éventuellement deux à trois cuillerées à soupe d'eau froide. Laissez reposer toute la nuit au réfrigérateur ; mais vous pouvez aussi préparer la pâte 30 mn à l'avance.
2. Le lendemain, allumez le four, thermostat 6 (200°). Egouttez les pruneaux et dénoyautez-les. Egouttez les abricots. Coupez pruneaux et abricots en morceaux de 1 cm de côté. Lavez l'orange et essuyez-la. Râpez-en le zeste au-dessus d'un bol ; ajoutez-y le beurre et mélangez. Râpez les noix à l'aide d'une râpe cylindrique, grille à gros trous. Délayez le jaune d'œuf avec le lait.
3. Beurrez un moule à tarte de 24 cm de diamètre. Abaissez les trois quarts de la pâte au rouleau et garnissez-en le moule. Piquez légèrement le fond de tarte de quelques coups de fourchette. Garnissez de pruneaux et d'abricots, parsemez des noix râpées et de beurre au zeste d'orange, en noisettes. Abaissez le reste de la pâte et coupez-la en bandes de 2 cm de côté. Disposez-les sur la tarte, en croisillons. Mouillez les extrémités des croisillons et collez-les contre le bord de la pâte. Badigeonnez la pâte du mélange jaune d'œuf-lait, au pinceau. Glissez la tarte au four et laissez cuire pendant 45 mn, jusqu'à ce qu'elle soit dorée.
4. Lorsque la tarte est cuite, retirez-la du four et laissez-la refroidir dans son moule. Ensuite, démoulez-la et servez tiède ou froid, nature ou avec de la crème fraîche bien froide.

Tarte aux prunes ★

Pour la pâte :
- *200 g de farine*
- *1 œuf*
- *1 cuil. à soupe de sucre*
- *100 g de beurre*

Pour la garniture :
- *500 g de prunes*
- *2 cuil. à soupe de sucre*
- *2 cuil. à soupe de gelée de groseille*

1. Tamisez la farine dans une jatte. Cassez l'œuf dans un bol et battez-le. Coupez le beurre en noisettes et mélangez-le à la farine. Travaillez du bout des doigts, jusqu'à obtention d'un mélange granuleux. Incorporez le sucre, puis l'œuf battu. Pétrissez la pâte en la mouillant peu à peu de deux à trois cuillerées à soupe d'eau froide. Laissez reposer 30 mn au réfrigérateur.
2. Pendant ce temps, lavez les prunes, fendez-les en deux et dénoyautez-les.
3. Lorsque la pâte est reposée, abaissez-la et garnissez-en un moule beurré de 10 cm × 35 cm. Piquez légèrement le fond à la fourchette.
4. Allumez le four, thermostat 6 (200°). Etalez les moitiés de prune sur le fond de tarte, face bombée vers le dessus. Poudrez-les de sucre. Faites fondre la gelée de groseille avec une cuillerée à soupe d'eau dans une petite casserole et badigeonnez-en les fruits, à l'aide d'un pinceau.
5. Mettez au four et laissez cuire pendant 30 mn. Servez chaud, tiède ou froid.

Variante : vous pouvez faire des tartelettes de la même façon.

Tarte aux prunes ▷

Daphné

Daphné, la grande amoureuse, a percé le secret de sa grand-mère. A l'exemple de son aïeule, elle confectionne des tartelettes pour satisfaire l'appétit de ses amants trop fougueux.

Tartelettes aux fraises ★★

Pour la pâte :
- □ *200 g de farine*
- □ *1 cuil. à soupe de sucre*
- □ *1 jaune d'œuf*
- □ *100 g de beurre*
- □ *sel*

Pour la garniture :
- □ *6 à 8 grosses fraises*
- □ *200 g de crème fraîche épaisse*
- □ *2 cuil. à soupe de gelée de groseille*

1. Tamisez la farine et une pincée de sel dans une jatte. Coupez le beurre en noisettes et mélangez-le à la farine. Travaillez du bout des doigts, jusqu'à obtention d'un mélange granuleux, incorporez le sucre puis le jaune d'œuf. Pétrissez la pâte en la mouillant progressivement de deux à trois 3 cuillerées à soupe d'eau froide. Laissez reposer 30 mn au réfrigérateur.
2. Au bout de ce temps, allumez le four, thermostat 6 (200°). Abaissez la pâte et garnissez-en 6 à 8 moules à tartelettes, beurrés. Piquez légèrement les fonds à la fourchette. Faites cuire les fonds de tartelettes pendant 15 mn à blanc (p. 7), dans le four chaud puis pendant 5 mn à découvert, jusqu'à ce qu'ils soient dorés. Sortez-les du four et laissez-les refroidir complètement.
3. Pendant ce temps-là, lavez les fraises, égouttez-les et équeutez-les. Fouettez la crème fraîche et introduisez-la dans une poche à pâtisserie munie d'une douille cannelée. Faites fondre la gelée de groseille à feu doux.
4. Lorsque les fonds de tartelettes sont froids, enduisez-les d'une partie de la gelée de groseille. Garnissez-les d'une volute de crème fouettée et posez une fraise sur le dessus de chacune d'elles. Poudrez de sucre.
5. Faites fondre le reste de gelée avec une cuillerée à soupe d'eau et badigeonnez-en les fraises. Démoulez et servez dans les 12 heures.

Tartelettes aux reines-claudes ★★

Pour la pâte :
- □ *200 g de farine*
- □ *100 g de beurre*
- □ *sel*

Pour la garniture :
- □ *500 g de reines-claudes*
- □ *50 g de sucre*

Pour le glaçage
- □ *2 cuil. à soupe de confiture d'abricots*

1. Tamisez la farine et une pincée de sel dans une jatte. Découpez le beurre en dés et mélangez ceux-ci à la farine. Travaillez le tout du bout des doigts, jusqu'à ce que le mélange devienne granuleux. Pétrissez la pâte en la mouillant peu à peu de deux à trois cuillerées à soupe d'eau froide. Laissez reposer 30 mn au réfrigérateur.
2. Lavez les prunes et égouttez-les. Fendez-les en deux et retirez les noyaux.
3. Lorsque la pâte a reposé, allumez le four, thermostat 7 (230°). Abaissez la pâte et garnissez-en des moules à tartelettes, beurrés. Piquez légèrement les fonds à la fourchette. Garnissez-les avec les moitiés de prune, face bombée vers le dessus, en faisant se chevaucher celles-ci. Poudrez les fruits de sucre.
4. Mettez les tartelettes dans le four chaud et laissez cuire pendant 8 à 10 mn, jusqu'à ce que le sucre caramélise sur le dessus des fruits. Retirez du four.
5. Faites fondre la confiture d'abricots dans une petite casserole avec une cuillerée à soupe d'eau, tamisez-la et badigeonnez-en les prunes. Servez tiède ou froid.

◁ *Tartelettes aux fraises et tartelettes aux reines-claudes*

Gabrielle

Gabrielle affirme que le proverbe « malheureux au jeu, heureux en amour » lui sied on ne peut mieux. Elle adore perdre au strip poker.

Tarte aux mirabelles ★★

Pour la pâte :
- □ *200 g de farine*
- □ *100 g de beurre*
- □ *sel*

Pour la garniture :
- □ *1 kg de mirabelles*
- □ *300 g de sucre semoule*
- □ *150 g de farine*
- □ *1,5 dl de lait*
- □ *4 œufs*
- □ *2 cuil. à soupe de Calvados*
- □ *1 cuil. à soupe de sucre glace*

1. Tamisez la farine et une pincée de sel dans une jatte. Coupez le beurre en noisettes et mélangez-le à la farine. Travaillez ces éléments du bout des doigts, jusqu'à obtention d'un mélange granuleux. Pétrissez la pâte en la mouillant peu à peu de deux à trois cuillerées à soupe d'eau froide. Laissez reposer 30 mn au réfrigérateur.
2. Pendant ce temps, lavez les mirabelles, fendez-les en deux et retirez-en les noyaux. Mettez ces derniers dans un sachet de mousseline et écrasez-les légèrement au rouleau à pâtisserie.
3. Faites cuire les prunes avec leurs noyaux et 200 g de sucre pendant 15 mn. Egouttez-les ensuite et retirez le sachet de mousseline.
4. Allumez le four, thermostat 6 (200°). Abaissez la pâte une fois reposée et garnissez-en un moule à tarte, beurré, de 22 cm de diamètre. Faites cuire le fond de tarte pendant 15 mn à blanc (p. 7), dans le four chaud.
5. Pendant ce temps, cassez les œufs dans une autre jatte et battez-les. Ajoutez le reste du sucre en battant au fouet puis la farine, le lait et le Calvados sans cesser de battre.
6. Lorsque le fond de tarte est légèrement croustillant, sortez-le du four, sans éteindre celui-ci. Découvrez-le et garnissez-le avec les mirabelles. Versez la crème aux œufs dessus. Remettez pendant 30 mn au four. Servez tiède en poudrant de sucre glace tamisé.

Tarte rouge et noir ★★

Pour la pâte :
- □ *200 g de farine*
- □ *100 g de beurre*
- □ *sel*

Pour la garniture :
- □ *250 g de myrtilles*
- □ *250 g de framboises*
- □ *150 g de crème fraîche épaisse*
- □ *125 g de sucre*
- □ *2 œufs*

1. Tamisez la farine et une pincée de sel dans une jatte. Découpez le beurre en dés et mélangez ces derniers à la farine. Travaillez ces éléments du bout des doigts, jusqu'à ce que le mélange devienne granuleux. Pétrissez la pâte en la mouillant progressivement de deux à trois cuillerées à soupe d'eau froide. Laissez reposer 30 mn au réfrigérateur.
2. Pendant ce temps, préparez la garniture : cassez les œufs dans une jatte et battez-les. Ajoutez la crème fraîche et 100 g de sucre, puis battez le tout.
3. Allumez le four, thermostat 6 (200°). Abaissez la pâte, une fois reposée, et garnissez-en un moule à tarte, beurré, de 22 cm de diamètre. Piquez-la légèrement à la fourchette. Versez la crème aux œufs sur le fond de tarte et glissez au four. Faites cuire pendant 25 mn.
4. Pendant ce temps, lavez les myrtilles, égouttez-les et équeutez-les. Mélangez-les avec les framboises.
5. Après le premier temps de cuisson de la tarte, garnissez celle-ci avec des fruits. Poudrez avec le reste du sucre et remettez pendant 10 mn au four. Servez chaud ou froid.

Variante : vous pouvez utiliser des cassis ou des mûres à la place des myrtilles.

Tarte rouge et noir ▷

Conté à Paris

Micheline

Micheline est étudiante aux Beaux-Arts. Elle a le cheveu court, le sein en forme de poire et la fesse ferme. Elle cherche plutôt l'inspiration auprès des vieux maîtres mais elle ne dédaigne pas les jeunes modèles.

Tarte au flan ★★

Recette paysanne datant du début du siècle

Pour la pâte :
- *200 g de farine*
- *100 g de beurre*
- *sel*

Pour la garniture :
- *40 g de farine*
- *40 g de sucre*
- *2 œufs*
- *1/2 litre de lait*
- *extrait de vanille*
- *25 g de beurre*

1. Tamisez la farine et une pincée de sel dans une jatte. Coupez le beurre en noisettes et mélangez celles-ci à la farine. Travaillez le tout du bout des doigts, jusqu'à obtention d'un mélange granuleux. Pétrissez la pâte en la mouillant peu à peu de deux à trois cuillerées d'eau froide. Laissez reposer 30 mn au réfrigérateur.
2. Préparez la garniture : cassez les œufs dans une autre jatte et battez-les avec le sucre. Ajoutez ensuite la farine en veillant à éliminer les grumeaux. Incorporez progressivement le lait. Versez la préparation dans une casserole et portez-la à ébullition en mélangeant constamment. Retirez du feu et versez quelques gouttes d'extrait de vanille. Ajoutez le beurre et faites-le fondre en remuant.
3. Allumez le four, thermostat 6 (200°). Abaissez la pâte et garnissez-en un moule à tarte, beurré, de 22 cm de diamètre. Piquez le fond de tarte à la fourchette et versez-y la préparation précédente. Faites cuire pendant 30 mn au four, jusqu'à ce que la garniture soit dorée. Servez froid.

Tarte à la rhubarbe ★★

Pour la pâte :
- *200 g de farine*
- *100 g de beurre*
- *sel*

Pour la garniture :
- *500 g de côtes de rhubarbe*
- *175 g de sucre*
- *150 g de crème fraîche épaisse*
- *50 g de farine*
- *1 orange non traitée*
- *2 œufs*

Pour le glaçage :
- *2 cuil. à soupe de gelée de groseille*

1. La veille au soir, épluchez les côtes de rhubarbe et coupez-les en petits tronçons de deux cm. Poudrez ceux-ci de la moitié du sucre et laissez-les macérer pendant toute la nuit.
2. Le lendemain, préparez la pâte : tamisez la farine avec une pincée de sel dans une jatte. Coupez le beurre en noisettes et mélangez-le à la farine. Travaillez le tout du bout des doigts, jusqu'à obtention d'un mélange granuleux. Pétrissez la pâte en la mouillant peu à peu de deux à trois cuillerées à soupe d'eau froide. Laissez reposer 30 mn au réfrigérateur.
3. Au bout de ce temps, allumez le four, thermostat 6 (200°). Abaissez la pâte et garnissez-en un moule à tarte, beurré, de 22 cm de diamètre. Piquez-la légèrement à la fourchette. Faites cuire le fond de tarte pendant 10 mn à blanc (p. 7) dans le four chaud.
4. Pendant ce temps, lavez l'orange, essuyez-la et râpez-en finement le zeste. Cassez les œufs dans une autre jatte et battez-les au fouet avec le reste du sucre. Ajoutez la farine, la crème fraîche et le zeste d'orange, puis mélangez.
5. Lorsque le fond de tarte est légèrement croustillant, sortez-le du four, sans éteindre celui-ci, et découvrez-le. Etalez-y les morceaux de rhubarbe, puis versez la crème aux œufs. Remettez pendant 40 mn au four.
6. Faites fondre la gelée de groseille avec une cuillerée à soupe d'eau et badigeonnez-en le dessus de la tarte. Servez chaud ou froid.

◁ *Tarte à la rhubarbe*

Claudine

Claudine et son mari écrivain quittent rarement leur appartement lambrissé de chêne et éclairé de mille glaces. Seule la tarte aux bananes parvient à extraire Claudine de son extase sans fin.

Tarte aux bananes et à la noix de coco ★★

Pour la pâte :
- □ *200 g de farine*
- □ *100 g de beurre*
- □ *sel*

Pour la garniture :
- □ *100 g de noix de coco râpée déshydratée*
- □ *5 bananes*
- □ *jus d'un citron*
- □ *75 g de sucre semoule*
- □ *2 œufs*
- □ *7 cuil. à soupe de lait*
- □ *1 cuil. à soupe de rhum ambré*

Pour le sirop :
- □ *4 cuil. à soupe de sucre*
- □ *1 cuil. à soupe de rhum*

Pour la décoration :
- □ *150 g de crème fraîche épaisse*
- □ *8 cerises au marasquin*

1. Tamisez la farine et une pincée de sel dans une jatte. Coupez le beurre en dés et mélangez-le à la farine. Travaillez du bout des doigts, jusqu'à obtention d'un mélange granuleux. Pétrissez la pâte en la mouillant progressivement de deux à trois cuillerées à soupe d'eau froide. Laissez reposer.
2. Préparez la garniture : faites bouillir le lait dans une casserole et laissez-le refroidir. Cassez les œufs et battez-les. Mélangez la noix de coco et le sucre, incorporez-y les œufs et le lait tiède. Reversez le tout dans la casserole. Faites cuire à feu doux en remuant constamment, jusqu'à ce que la préparation épaississe. Incorporez le rhum et laissez refroidir.
3. Allumer le four, thermostat 6 (200°). Abaissez la pâte, une fois reposée, et garnissez-en un moule à tarte, beurré, de 22 cm de diamètre. Piquez-la légèrement à la fourchette. Faites cuire le fond de tarte pendant 15 mn à blanc (p. 7), puis 10 mn à découvert, dans le four chaud.
4. Epluchez les bananes et coupez-les en rondelles. Passez celles-ci dans le jus de citron, puis égouttez-les. Mettez le reste du jus de citron de côté.
5. Lorsque le fond de tarte est cuit, sortez-le du four. Etalez-y la préparation, tiède, à la noix de coco, puis recouvrez avec les rondelles de bananes en couronnes successives.
6. Préparez le sirop : faites chauffer le jus de citron que vous avez réservé avec le sucre et le rhum, à feu doux. Versez, en un épais sirop, sur les rondelles de bananes.
7. Fouettez la crème fraîche et introduisez-la dans une poche à pâtisserie munie d'une douille cannelée. Décorez le dessus de la tarte avec des rosettes de crème et les cerises. Servez sans attendre.

Tarte aux dattes ★★

Pour la pâte :
- □ *200 g de farine*
- □ *125 g de beurre*
- □ *1 œuf*
- □ *sel*

Pour la garniture :
- □ *200 g de beurre ramolli*
- □ *800 g de petites dattes très parfumées, pas trop sèches*
- □ *120 g d'amandes mondées*
- □ *1 cuil. à soupe de rhum ambré*

1. Préparez la pâte : tamisez la farine et une pincée de sel dans une terrine, ajoutez-y le beurre. Travaillez du bout des doigts, jusqu'à ce que le mélange devienne granuleux. Ajoutez l'œuf et continuez de travailler jusqu'à obtention d'une pâte lisse et homogène, en ajoutant, éventuellement, deux à trois cuillerées à soupe d'eau froide. Laissez reposer 30 mn au réfrigérateur.
2. Pendant ce temps, préparez la garniture : râpez les amandes à l'aide d'une râpe cylindrique, grille à gros trous. Mettez-les dans une poêle non adhésive, sèche, et laissez-les blondir à feu doux. Laissez-les ensuite refroidir sur une assiette. Dénoyautez les dattes et passez-les au moulin à légumes, grille fine, jusqu'à obtention d'une fine purée. Incorporez-y le beurre, en remuant bien avec une spatule. Ajoutez ensuite les trois quarts des amandes grillées et le rhum et mélangez bien.
3. Allumez le four, thermostat 7 (230°). Lorsque la pâte a suffisamment reposé, abaissez-la et garnissez-en un moule à tarte, beurré, de 24 cm de diamètre. Faites cuire à blanc (p. 7), dans le four chaud, pendant 20 mn environ, jusqu'à ce que la pâte soit dorée. Retirez du four, démoulez et laissez refroidir sur une grille.
4. Garnissez le fond de tarte avec la préparation aux dattes, parsemez du reste d'amandes grillées et dégustez à la température ambiante.

Ne mettez pas cette tarte au réfrigérateur car le beurre ne doit pas durcir, mais former, avec la purée de dattes, une crème moelleuse.

Tarte aux bananes et à la noix de coco ▷

Coquines... et redoutables

Sous un air ordinaire et banal se cache parfois une personnalité mystérieuse. Tel est le cas, en quelque sorte, de la tarte aux pommes, sans doute la plus connue et la plus appréciée de toutes les tartes. Qu'elle soit parfumée à la cannelle ou à l'orange, qu'elle soit glacée ou tarte Tatin, elle fait toujours le bonheur des palais gourmands.

Alison

Beauté rustique, resplendissante de santé, Alison travaille dans la ferme de son père. Elle prépare les repas des ouvriers agricoles. Lorsque vient la saison des foins, elle se trouve très, très prise.

Feuilleté aux pommes ★

- □ *250 g de pâte feuilletée*
- □ *1 kg de pommes Golden*
- □ *1 quantité de crème pâtissière (voir tartelettes aux abricots p. 21)*
- □ *farine*
- □ *1 jaune d'œuf*
- □ *3 cuil. à soupe de confiture d'abricots*
- □ *2 cuil. à soupe de jus de citron*

1. Abaissez la pâte feuilletée en un long rectangle de 12 cm de large. Poudrez légèrement celui-ci de farine et pliez-le en deux sur la longueur. Découpez une bande de 1 cm de largeur sur les trois côtés libres du rectangle obtenu. Ouvrez ce dernier et passez-le au rouleau à pâtisserie pour lui faire gagner 2 cm en longueur et en largeur.
2. Allumez le four, thermostat 6 (200°). Etalez la pâte sur une plaque de four humectée et piquez-la à la fourchette. Humectez-en les bords. Ouvrez la bande de pâte que vous avez découpée et posez-la sur le pourtour du rectangle plein en la pressant avec les doigts pour la souder : vous avez le bord du fond de tarte. Battez le jaune d'œuf et utilisez-en une partie pour badigeonner ce bord du fond de tarte. Faites cuire pendant 20 mn au four.
3. Pendant ce temps, épluchez 250 g de pommes, coupez-les en dés et faites-les cuire avec deux cuillerées à soupe d'eau pour les réduire en purée. Epluchez le reste des fruits, coupez-les en deux, ôtez-en le cœur et recoupez chaque moitié en fines lamelles. Passez celles-ci dans le jus de citron afin de les empêcher de noircir.
4. Lorsque le fond de tarte est cuit, sortez-le du four et réduisez le thermostat à 5 (170°). Etalez-y successivement la crème pâtissière et la purée de pommes. Recouvrez avec les lamelles de pomme en faisant se chevaucher celles-ci (commencez par le centre). Enduisez les bords avec le reste du jaune d'œuf. Remettez pendant 10 mn au four.
5. Faites fondre la confiture d'abricots avec une cuillerée à soupe d'eau en mélangeant dans une petite casserole puis tamisez-la et enduisez-en les lamelles de pomme. Servez chaud ou tiède.

Tarte aux pommes et aux épices ★

Pour la pâte :
- □ *200 g de farine*
- □ *100 g de beurre*
- □ *sel*

Pour la garniture :
- □ *750 g de pommes Reine-des-reinettes*
- □ *75 g de sucre roux*
- □ *75 g de farine*
- □ *25 g de sucre semoule*
- □ *1 citron non traité*
- □ *1/2 cuil. à soupe de raisins de Smyrne*
- □ *1/4 cuil. à café de cannelle*
- □ *1/4 cuil. à café de noix muscade râpée*
- □ *2 clous de girofle pulvérisés*
- □ *75 g de beurre mou.*

1. Préparez la pâte : tamisez la farine et une pincée de sel dans une jatte. Découpez le beurre en noisettes et mélangez-le à la farine. Travaillez le tout du bout des doigts. Pétrissez la pâte en la mouillant peu à peu de deux à trois cuillerées à soupe d'eau froide. Laissez-la reposer pendant 30 mn au réfrigérateur. Ensuite, abaissez-la et garnissez-en un moule à tarte, beurré, de 22 cm de diamètre. Piquez-la légèrement à la fourchette.
2. Lavez le citron, essuyez-le et râpez-en finement le zeste ; coupez-le ensuite en deux et pressez-le. Epluchez les pommes, évidez-les et coupez-les en fines lamelles. Passez celles-ci dans le jus de citron et garnissez-en le fond de tarte en les faisant se chevaucher. Mélangez le sucre semoule, les raisins, la cannelle, la muscade et la poudre de clous de girofle, parsemez-en les pommes.
3. Allumez le four, thermostat 7 (230°). Mettez le sucre roux, la farine, le zeste de citron et le beurre mou en noisettes dans une autre jatte, puis mélangez avec une fourchette jusqu'à ce que la préparation devienne granuleuse. Etalez celle-ci sur le dessus de la tarte. Faites cuire pendant 45 mn au four, et réduisez le thermostat à 5 (170°) au bout de 15 mn. Servez chaud, tiède ou froid.

Feuilleté aux pommes ▷

ET LE POT AU LAIT

Marie-Claude

Marie-Claude, employée comme secrétaire au rectorat, était toujours en retard. Lassée d'avoir à supporter les observations du recteur, elle l'a épousé. Personne aujourd'hui ne fait de remarques à M. le Recteur qui est, à son tour, toujours en retard.

Tarte aux pommes et à l'orange ★★★

Pour la pâte :
- □ *200 g de farine*
- □ *100 g de beurre*
- □ *sel*

Pour la garniture :
- □ *1 orange*
- □ *1 kg de pommes rouges Starkimson*
- □ *25 g de sucre*
- □ *2 cuil. à soupe de confiture d'abricots*
- □ *25 g de beurre*

1. Tamisez la farine et une pincée de sel dans une jatte. Coupez le beurre en dés et mélangez-le à la farine. Travaillez le tout du bout des doigts, jusqu'à obtention d'un mélange granuleux. Pétrissez la pâte en la mouillant progressivement de deux à trois cuillerées à soupe d'eau froide. Laissez reposer 30 mn au réfrigérateur.
2. Au bout de ce temps, allumez le four, thermostat 6 (200°). Abaissez la pâte et garnissez-en un moule à tarte, préalablement beurré, de 22 cm de diamètre. Piquez-la légèrement à la fourchette. Faites cuire le fond de tarte pendant 10 mn à blanc (p. 7), dans le four chaud, jusqu'à ce qu'il soit légèrement croustillant.
3. Pendant ce temps, lavez l'orange, essuyez-la et râpez-en finement le zeste ; coupez-la ensuite en deux et pressez-la. Lavez les pommes sans les éplucher, évidez-les et coupez-les en lamelles.
4. Lorsque le fond de tarte est partiellement cuit, sortez-le du four, sans éteindre celui-ci, et découvrez-le. Faites fondre le beurre dans une grande casserole, à feu doux, puis mélangez-le avec le zeste, le jus d'orange, le sucre et une cuillerée à soupe d'eau. Ajoutez les pommes et mélangez. Faites-les cuire, jusqu'à ce qu'elles commencent juste à devenir translucides, puis égouttez-les à l'aide d'une écumoire. Disposez-les en couronnes successives sur le fond de tarte, en les faisant se chevaucher.
5. Ajoutez la confiture au sirop de cuisson des pommes, faites-la fondre en ajoutant un peu d'eau, au besoin. Nappez les fruits de ce glaçage après l'avoir tamisé. Remettez pendant 20 mn au four. Servez chaud ou froid.

◁ *Tarte aux pommes à la cannelle*

Tarte aux pommes à la cannelle ★

Pour la pâte :
- □ *200 g de farine*
- □ *1 jaune d'œuf*
- □ *100 g de beurre*
- □ *sel*

Pour la garniture :
- □ *jus d'un citron*
- □ *6 à 8 pommes Golden, Reine-des-reinettes*
- □ *100 g de sucre*
- □ *1 cuil. à soupe de cannelle*
- □ *75 g de beurre*

1. Tamisez la farine et une pincée de sel dans une jatte. Découpez le beurre en noisettes et mélangez celles-ci à la farine. Travaillez le tout du bout des doigts jusqu'à ce que le mélange devienne granuleux. Incorporez le jaune d'œuf à l'aide d'une fourchette. Pétrissez la pâte en la mouillant peu à peu de deux à trois cuillerées à soupe d'eau froide. Laissez reposer 30 mn au réfrigérateur.
2. Au bout de ce temps, allumez le four, thermostat 6 (200°). Abaissez la pâte et garnissez-en un moule à tarte, beurré, de 22 cm de diamètre. Piquez-la légèrement à la fourchette. Faites cuire le fond de tarte pendant 20 mn à blanc (p. 7), dans le four chaud.
3. Pendant ce temps, préparez la garniture : épluchez les pommes, évidez-les et coupez-les en lamelles épaisses. Passez celles-ci dans le jus de citron. Faites fondre 50 g de beurre dans une grande casserole et faites-y revenir les pommes avec le jus de citron, 75 g de sucre et la cannelle, jusqu'à ce qu'elles soient translucides (mais en veillant à ce qu'elles ne se défassent pas). Egouttez-les ensuite en réservant le jus de cuisson.
4. Lorsque le fond de tarte est cuit, sortez-le du four. Eteignez celui-ci et allumez le gril à la place. Découvrez le fond de tarte et garnissez-le avec les lamelles de pomme en couronnes successives. Poudrez les fruits du reste de sucre et parsemez-les du reste de beurre en noisettes. Faites réduire le jus de cuisson des pommes jusqu'à obtention d'un sirop épais et nappez-en ces dernières.
5. Placez la tarte sous la rampe du gril et faites-la cuire, jusqu'à ce qu'elle soit caramélisée sur le dessus. Si les bords de la tarte dorent trop vite, protégez-les avec une bande d'aluminium ménager. Servez chaud, tiède ou froid.

Judith

Judith est une grande amie des bêtes. Elle vit en pleine campagne au milieu d'un harem de chattes presque toujours en chaleur. Elle et son vieux mari, Jules, apprécient « le naturel de la situation », comme ils aiment à le dire.

Tarte aux pommes meringuée ★★★

Pour la pâte :
- □ *200 g de farine*
- □ *3 cuil. à soupe de lait froid*
- □ *100 g de beurre*
- □ *sel*

Pour la garniture :
- □ *1 kg de pommes Reine-des-reinettes*
- □ *2 dl de lait*
- □ *50 g de sucre glace*
- □ *2 œufs*
- □ *3 cuil. à soupe de Calvados*
- □ *2 cuil. à soupe de sucre*
- □ *1 cuil. à soupe de Maïzena*
- □ *25 g de beurre*

1. Tamisez la farine et une pincée de sel dans une jatte. Coupez le beurre en dés et mélangez-le à la farine. Travaillez le tout du bout des doigts, jusqu'à obtention d'un mélange granuleux. Pétrissez la pâte en la mouillant peu à peu avec le lait et laissez-la reposer pendant 30 mn au réfrigérateur.
2. Pendant ce temps, préparez une crème pâtissière pour la garniture : cassez les œufs en séparant les blancs des jaunes. Mélangez ces derniers avec le sucre dans une petite casserole, jusqu'à ce que le mélange blanchisse, puis ajoutez la Maïzena. Incorporez le lait par petites quantités en battant au fouet, puis laissez épaissir à feu doux, en mélangeant. Aromatisez avec une cuillerée à soupe de Calvados et retirez du feu. Couvrez.
3. Epluchez les pommes, évidez-les et coupez-les en lamelles. Faites fondre le beurre dans une poêle et faites-y cuire les pommes, jusqu'à ce qu'elles soient translucides. Faites chauffer une cuillerée à soupe de Calvados dans une louche, flambez-le et versez-le sur les pommes. Retirez du feu.
4. Lorsque la pâte est reposée, abaissez-la. Allumez le four, thermostat 6 (200°). Garnissez un moule à tarte, beurré, de 22 cm de diamètre avec l'abaisse et piquez légèrement le fond de celle-ci. Faites cuire le fond de tarte pendant 10 mn à blanc (p. 7), dans le four chaud.
5. Au bout de ce temps, sortez le fond de tarte du four, sans éteindre celui-ci, et découvrez-le. Etalez-y la crème pâtissière, puis les pommes en couronnes successives. Battez les blancs d'œufs en neige ferme, puis ajoutez-y le sucre glace tamisé. Continuez de battre, jusqu'à ce que les blancs soient brillants. Etalez la préparation sur le dessus de la tarte en formant des pics avec une fourchette.
6. Remettez la tarte au four et laissez-la cuire pendant encore 8 à 10 mn, jusqu'à ce qu'elle soit dorée sur le dessus. Arrosez-la du reste de Calvados et servez-la aussitôt.

Tarte Tatin ★★

Pour la pâte :
- □ *200 g de farine*
- □ *1 œuf*
- □ *100 g de beurre*
- □ *sel*

Pour la garniture :
- □ *1 kg de pommes Golden ou Reine-des-reinettes*
- □ *175 g de sucre*
- □ *15 g de beurre + 10 g pour le moule*

1. Tamisez la farine et une pincée de sel dans une jatte. Découpez le beurre en noisettes et mélangez celles-ci à la farine. Travaillez les éléments du bout des doigts, jusqu'à ce que le mélange devienne granuleux. Cassez l'œuf dans un bol, battez-le et incorporez-le à ce mélange. Pétrissez la pâte en la mouillant progressivement de deux à trois cuillerées à soupe d'eau froide puis laissez-la reposer pendant 30 mn au réfrigérateur.
2. Au bout de ce temps, abaissez la pâte en un disque de 23 cm de diamètre environ. Epluchez les pommes, évidez-les et coupez-les en épaisses lamelles. Passez celles-ci dans la moitié du sucre.
3. Allumez le four, thermostat 7 (230°). Beurrez un moule à manqué de 20 cm de diamètre et poudrez-le du reste du sucre. Garnissez-le avec les lamelles de pomme et parsemez celles-ci de noisettes de beurre. Recouvrez le tout avec le disque de pâte en rentrant les bords à l'intérieur du moule.
4. Placez le moule pendant 3 mn sur feu modéré jusqu'à ce que le sucre se transforme en un caramel blond. Mettez-le ensuite, pendant environ 30 mn, au four. Retournez la tarte sur un plat et servez-la tiède.

Tarte aux pommes meringuée ▷

FIGARO

Jeanne

Jeanne est une femme d'affaires qui a réussi. Chaque fois qu'elle le peut, elle se rend dans sa maison de campagne entretenue par son jardinier. A peine a-t-elle posé le pied dans son paradis qu'elle troque son élégant tailleur pour des plaisirs plus sains.

Tarte aux pommes et aux groseilles ★★

Pour la pâte :
- □ *200 g de farine*
- □ *100 g de beurre*
- □ *sel*

Pour la garniture :
- □ *1 kg de pommes rouges Starkimson*
- □ *6 cuil. à soupe de sucre*
- □ *1 cuil. à soupe de Calvados*
- □ *15 g de beurre*

Pour le glaçage :
- □ *2 cuil. à soupe de gelée de groseille*

1. Tamisez la farine et une pincée de sel dans une jatte. Coupez le beurre en noisettes et mélangez-le à la farine. Travaillez le tout du bout des doigts, jusqu'à obtention d'un mélange granuleux. Pétrissez la pâte en la mouillant peu à peu de deux à trois cuillerées à soupe d'eau froide. Laissez reposer 30 mn au réfrigérateur. Ensuite, abaissez-la et garnissez-en un moule à tarte, beurré, de 22 cm de diamètre. Piquez légèrement le fond à la fourchette.
2. Mettez deux pommes de côté pour la décoration et épluchez les autres. Evidez celles-ci et coupez-les en lamelles. Faites-les cuire avec quatre cuillerées à soupe d'eau, jusqu'à ce qu'elles soient réduites en purée.
3. Allumez le four, thermostat 6 (200°). Lavez les deux pommes que vous avez gardées pour la décoration, évidez-les et coupez-les en lamelles. Passez-les dans le Calvados. Etalez la purée de pommes sur le fond de tarte et posez les lamelles entières dessus, en couronne. Poudrez avec le reste du sucre. Enfournez et laissez cuire pendant 30 mn.
4. Lorsque la tarte est cuite, sortez-la du four. Faites fondre la gelée de groseille dans une casserole, puis versez-la en spirale à la surface de la tarte. Servez tiède ou froid.

◁ *Tarte aux pommes et aux groseilles*

Tarte amandine aux pommes ★★

Pour la pâte :
- □ *200 g de farine*
- □ *65 g de sucre*
- □ *1 œuf*
- □ *65 g de beurre*
- □ *sel*

Pour la garniture :
- □ *100 g de sucre semoule*
- □ *6 pommes Golden, Reine-des-reinettes, Canada*
- □ *75 g de poudre d'amandes*
- □ *3 œufs*
- □ *4 cuil. à soupe de sucre glace*
- □ *2 cuil. à soupe de farine*
- □ *2 cuil. à soupe de Cointreau*
- □ *65 g de beurre*

1. Tamisez la farine et une pincée de sel dans une jatte. Découpez le beurre en dés et mélangez-le à la farine. Travaillez du bout des doigts, jusqu'à ce que le mélange devienne granuleux. Incorporez le sucre à l'aide d'une cuillère de bois. Cassez l'œuf dans un bol, battez-le et versez-le dans la jatte. Mélangez. Pétrissez la pâte en la mouillant progressivement de deux à trois cuillerées à soupe d'eau froide et laissez-la reposer pendant 30 mn au réfrigérateur.
2. Pendant ce temps, préparez la garniture : épluchez les pommes, évidez-les et coupez-les en lamelles. Cassez un œuf entier dans un bol et les deux autres dans deux autres bols en séparant les blancs des jaunes. Mélangez la poudre d'amandes et le sucre semoule dans une autre jatte, puis incorporez l'œuf entier et les jaunes d'œufs en battant au fouet puis ajoutez la farine et le Cointreau.
3. Faites fondre le beurre dans une casserole et faites-y revenir les pommes, en les arrosant avec une cuillerée à soupe d'eau, pendant deux ou trois mn. Retirez-les du feu. Battez les blancs d'œufs en neige ferme.
4. Lorsque la pâte est reposée, abaissez-la et garnissez-en un moule à tarte, beurré, de 22 cm de diamètre. Piquez légèrement le fond à la fourchette et étalez-y les lamelles de pomme.
5. Allumez le four, thermostat 6 (200°). Incorporez les blancs d'œufs en neige à la crème aux amandes et recouvrez les pommes avec cette préparation. Mettez au four et laissez cuire pendant 35 mn. Poudrez la tarte de sucre glace tamisé. Servez tiède.

Françoise

Françoise se souvient avec émotion de sa jeunesse. Elle adore surprendre son mari instituteur en enfilant son uniforme de « jeannette ». Etienne ne s'en plaint pas. Il apprécie, plus particulièrement, les soirs où sa femme, maquillée, jouant les petits chaperons rouges, frappe à la porte d'entrée, une tarte aux pommes à la main.

Tarte semi-feuilletée aux pommes ★★

Pour la pâte :
- □ *200 g de farine*
- □ *1 cuil. à soupe de sucre*
- □ *100 g de beurre*
- □ *sel*

Pour la garniture :
- □ *1 kg de pommes Golden, Boscop*
- □ *40 g de sucre*
- □ *1 jaune d'œuf*
- □ *40 g de beurre*

1. Tamisez la farine et une pincée de sel dans une jatte. Coupez le beurre en noisettes et mélangez-le à la farine. Travaillez du bout des doigts, jusqu'à obtention d'un mélange granuleux. Incorporez le sucre. Pétrissez la pâte en la mouillant de deux à trois cuillerées à soupe d'eau glacée et laissez-la reposer pendant 30 mn.
2. Allumez le four, thermostat 7 (230°). Travaillez légèrement la pâte, puis aplatissez-la avec la paume de la main et pliez-la en quatre. Répétez l'opération : ceci a pour but de feuilleter la pâte. Abaissez la pâte et garnissez-en un moule, beurré, de 22 cm de diamètre. Mettez les restes de côté pour la décoration. Faites cuire le fond de tarte pendant 10 mn à blanc (p. 7), dans le four chaud.
3. Pendant ce temps, épluchez les pommes, évidez-les et coupez-les en lamelles. Roulez les restes de pâte en boule, puis abaissez à nouveau celle-ci et découpez-y de longues bandes fines. Battez le jaune d'œuf. Coupez le beurre en noisettes.
4. Lorsque le fond de tarte est partiellement cuit, sortez-le du four, sans éteindre celui-ci. Découvrez-le et étalez-y les lamelles de pomme en couronnes successives. Poudrez les fruits de sucre et parsemez-les de noisettes de beurre. Disposez les bandes de pâte sur le dessus de la tarte, en croisillons, et badigeonnez-les de jaune d'œuf. Remettez pendant 30 à 35 mn au four. Servez chaud ou froid.

Tarte simple aux pommes ★★

Pour la pâte :
- □ *200 g de farine*
- □ *100 g de beurre*
- □ *sel*

Pour la garniture :
- □ *1 kg de pommes Golden, Reinettes*
- □ *jus de citron*
- □ *50 g de sucre environ*

1. Tamisez la farine et une pincée de sel dans une jatte. Découpez le beurre en dés et mélangez-le à la farine. Travaillez le tout du bout des doigts, jusqu'à ce que le mélange devienne granuleux. Pétrissez la pâte en la mouillant peu à peu de deux à trois cuillerées à soupe d'eau froide. Laissez reposer 30 mn au réfrigérateur.
2. Au bout de ce temps, allumez le four, thermostat 6 (200°). Abaissez la pâte et garnissez-en un moule à tarte, beurré, de 22 cm de diamètre. Piquez-la légèrement à la fourchette. Faites cuire le fond de tarte pendant 10 mn à blanc (p. 7), dans le four chaud.
3. Pendant ce temps, épluchez les pommes et évidez-les. Plongez-en deux dans de l'eau citronnée pour les empêcher de noircir et coupez les autres en petits morceaux. Faites cuire ces derniers dans une casserole à feu doux avec du sucre et trois cuillerées à soupe d'eau, jusqu'à ce qu'ils soient réduits en purée. Retirez du feu.
4. Lorsque le fond de tarte est partiellement cuit, sortez-le du four, sans éteindre celui-ci, et découvrez-le. Etalez-y la purée de pommes en en réservant deux cuillerées à soupe. Essuyez les pommes que vous avez laissées entières et coupez-les en lamelles. Disposez ces lamelles en couronnes successives sur la couche de purée et badigeonnez-les de la purée que vous avez réservée. Poudrez d'un peu de sucre et remettez pendant 30 mn au four. Servez chaud ou froid.

Tarte semi-feuilletée aux pommes ▷

Les uns les aiment chaudes...

Qu'elles soient garnies aux tomates, aux asperges ou au crabe, les tartes salées ou les quiches ne vous déçoivent jamais. Elles peuvent faire office d'entrée ou bien être servies avec une salade ou des légumes. Joliment décorées, elles peuvent même devenir la pièce maîtresse d'un repas de fête ou d'un buffet.

Estelle

Estelle porte de grosses lunettes d'écaille sur le bout de son nez mutin. Elle serre ses hanches dans de longues jupes écossaises et elle boit du vin blanc. Elle descend en compagnie de son mari, Sébastien, dans les hôtels les plus fréquentés. Elle adore y jouer les infidèles et demander, avec des airs de conspiratrice, que le dîner soit servi dans leur chambre. Estelle est un peu « rétro ».

Tarte aux poireaux ★★

Pour la pâte :
- □ *200 g de farine*
- □ *1 jaune d'œuf*
- □ *100 g de beurre*
- □ *sel*

Pour la garniture :
- □ *6 poireaux (750 g environ).*
- □ *50 g d'emmenthal râpé*
- □ *2 œufs*
- □ *1,2 dl de lait*
- □ *1 cuil. à soupe de farine*
- □ *3 cuil. à soupe de crème fraîche épaisse*
- □ *50 g de beurre*
- □ *sel, poivre*

1. Tamisez la farine et une pincée de sel dans une jatte. Coupez le beurre en dés et mélangez-le à la farine. Travaillez du bout des doigts jusqu'à ce que le mélange devienne granuleux. Incorporez le jaune d'œuf à la fourchette. Pétrissez la pâte en la mouillant peu à peu avec deux cuillerées à soupe d'eau froide. Laissez reposer 30 mn au réfrigérateur.
2. Préparez la garniture : épluchez les poireaux et coupez-les en rondelles fines. Lavez celles-ci et égouttez-les. Faites fondre la moitié du beurre dans une sauteuse et faites-y revenir rapidement les poireaux. Couvrez-les et laissez-les cuire pendant 10 mn, à feu doux, en les salant pendant la cuisson.
3. Allumez le four, thermostat 6 (200°). Lorsque la pâte a suffisamment reposé, abaissez-la et garnissez-en un moule à tarte, beurré, de 22 cm de diamètre. Piquez-la légèrement à la fourchette. Faites cuire le fond de tarte pendant 10 mn à blanc (p. 7), dans le four chaud.
4. Préparez la béchamel : faites fondre le reste du beurre dans une petite casserole, ajoutez-y la farine et mélangez quelques minutes avec une cuillère de bois. Versez peu à peu le lait, sans cesser de remuer. Portez à ébullition et laissez cuire 3 mn. Retirez du feu et ajoutez-y les poireaux. Cassez les œufs dans un bol, battez-les et incorporez-les à la sauce ainsi que la crème, la moitié du fromage, du sel et du poivre.
5. Lorsque le fond de tarte est partiellement cuit, sortez-le du four, sans l'éteindre. Découvrez-le et garnissez-le de la béchamel aux poireaux. Poudrez avec le reste de fromage et de poivre. Remettez au four pendant 20 mn. Servez chaud avec une salade de saison.

Tarte aux carottes au parfum d'orange ★

Pour la pâte :
- □ *200 g de farine*
- □ *100 g de beurre*
- □ *sel*

Pour la garniture :
- □ *1 kg de carottes*
- □ *2 oranges non traitées*
- □ *125 g de crème fraîche épaisse*
- □ *1 œuf*
- □ *50 g de beurre*
- □ *sel, poivre*

1. Préparez la pâte : tamisez la farine et une pincée de sel dans une jatte. Découpez le beurre en noisettes et mélangez-le à la farine. Travaillez le tout du bout des doigts, jusqu'à obtention d'un mélange granuleux. Pétrissez la pâte en la mouillant progressivement avec trois cuillerées à soupe d'eau froide. Laissez reposer 30 mn au réfrigérateur.
2. Grattez les carottes, lavez-les et coupez-les en rondelles. Faites-les cuire pendant 15 à 20 mn dans l'eau salée, jusqu'à ce qu'elles soient très tendres.
3. Allumez le four, thermostat 6 (200°). Lorsque la pâte a suffisamment reposé, abaissez-la et garnissez-en un moule à tarte, beurré, de 22 cm de diamètre. Piquez-la légèrement à la fourchette et faites-la cuire pendant 20 mn à blanc (p. 7).
4. Continuez de préparer la garniture : lavez les deux oranges et essuyez-les. Prélevez le zeste de l'une d'elles, à l'aide d'un économe, en longues lanières et recoupez celles-ci en très fins rubans. Râpez finement le zeste de l'autre orange ; coupez ensuite l'agrume en deux et pressez-le.
5. Lorsque les carottes sont cuites, égouttez-les à fond dans une passoire et réduisez-les en purée. Incorporez à cette purée le zeste râpé et le jus d'orange, l'œuf préalablement battu, la crème fraîche et le beurre. Salez et poivrez.
6. Lorsque le fond de tarte est cuit, sortez-le du four, sans l'éteindre. Découvrez-le et étalez-y la purée de carottes. Remettez au four, jusqu'à ce que la garniture soit gonflée et glacée en surface. Décorez avec les rubans de zeste. Servez avec une salade aux noix et des pommes de terre chaudes.

Tarte aux carottes au parfum d'orange (en haut)
Tarte aux poireaux (en bas) ▷

STEREO
RADIO
TAPE
VOLUME
TREBLE
BASS
ON
OFF

Dominique

Dominique et son mari sont tous deux fous des années 50. Ils donnent des soirées où chaque invitée doit porter talons aiguilles et robe de mousseline. Mais ils ne sont pas « ringards » pour autant et en matière de divertissements intimes, ils n'ont de conseils à recevoir de personne.

Tarte aux champignons ★★

Pour la pâte :
- *200 g de farine*
- *100 g de beurre*
- *sel*

Pour la garniture :
- *300 g de champignons de Paris, pas trop gros*
- *75 g de gruyère râpé*
- *300 g de crème fraîche épaisse*
- *1 œuf*
- *1 cuil. à soupe de Maïzena*
- *1 brin de coriandre fraîche*
- *15 g de beurre*
- *sel, poivre*

1. Tamisez la farine et une pincée de sel dans une jatte. Découpez le beurre en dés et mélangez-le à la farine. Travaillez le tout du bout des doigts, jusqu'à obtention d'un mélange granuleux. Pétrissez la pâte en la mouillant peu à peu avec trois cuillerées à soupe d'eau froide. Laissez reposer 30 mn au réfrigérateur.
2. Pendant ce temps, coupez la partie sableuse du pied des champignons, lavez ceux-ci, épongez-les et émincez-les. Faites fondre le beurre dans une poêle et faites-y sauter les lamelles de champignon, jusqu'à ce qu'elles soient blondes et qu'il n'y ait plus de liquide dans la poêle. Retirez du feu.
3. Allumez le four, thermostat 6 (200°). Lorsque la pâte a suffisamment reposé, abaissez-la et garnissez-en un moule à tarte, beurré, de 22 cm de diamètre. Piquez le fond de tarte à la fourchette et faites-le cuire pendant 10 mn à blanc (p. 7).
4. Lorsque le fond de tarte est partiellement cuit, sortez-le du four, sans éteindre celui-ci. Découvrez-le et étalez-y les champignons en une couche uniforme.
5. Cassez l'œuf dans une autre jatte et battez-le avec la crème fraîche, le gruyère et la Maïzena. Salez , poivrez généreusement. Versez la préparation sur les champignons. Remettez au four et laissez cuire pendant 45 mn, et réduisez le thermostat à 5 (170°) au bout de 30 mn. Décorez de coriandre fraîche et servez avec une salade de saison.

Tarte au fromage ★

Pour la pâte :
- *200 g de farine*
- *1 cuil. à café bombée de sucre*
- *100 g de beurre*

- **Pour la garniture :**
- *3 œufs*
- *150 g de comté ou de gruyère râpé*
- *150 g de crème fraîche épaisse*
- *2,5 dl de lait*
- *noix muscade râpée*
- *sel, poivre*

1. Tamisez la farine et une pincée de sel dans une jatte. Coupez le beurre en noisettes et mélangez-le à la farine. Travaillez ces éléments du bout des doigts, jusqu'à ce que le mélange devienne granuleux. Incorporez le sucre (qui fera dorer la pâte). Pétrissez la pâte en la mouillant progressivement avec trois cuillerées à soupe d'eau froide et laissez-la reposer pendant 30 mn au réfrigérateur. Ensuite, abaissez-la et garnissez-en un moule à tarte, beurré, de 22 cm de diamètre. Piquez-la régulièrement à la fourchette.
2. Allumez le four, thermostat 6 (200°). Faites cuire le fond de tarte à blanc (p. 7), de 5 à 8 mn, dans le four chaud.
3. Lorsque le fond de tarte est partiellement cuit, sortez-le du four, puis augmentez le thermostat à 7 (230°). Etalez le fromage en une couche uniforme sur la pâte. Cassez les œufs dans une autre jatte et battez-les en ajoutant, successivement, la crème fraîche, le lait, une pincée de muscade, du sel et du poivre. Versez le tout sur le fromage qui doit être complètement recouvert.
4. Posez la tarte sur la plaque inférieure du four et faites-la cuire pendant 20 mn, jusqu'à ce qu'elle soit dorée. Servez immédiatement.

◁ *Tarte aux champignons*

Alvina

Alvina est brésilienne. Elle a épousé un comte, de quelques années son aîné. Ils vivent dans un château du XIVe siècle sur les bords de la Loire, au milieu des vignobles. Elle sait, pour l'avoir appris dans son pays natal auprès des pères jésuites, que « vinum animae homini bonificat ». Certains soirs d'automne, lorsque le château est noyé dans la brume, Alvina fait servir du bon vin pour stimuler son mari, Edouard.

Tarte au saumon ★★★

Pour la pâte :
- □ *200 g de farine*
- □ *100 g de beurre*
- □ *sel*

Pour la garniture :
- □ *150 g de saumon au naturel*
- □ *125 g de champignons*
- □ *3 œufs durs*
- □ *6 olives noires dénoyautées*
- □ *25 g de beurre*

Pour la sauce Béchamel :
- □ *25 g de farine*
- □ *3 dl de lait*
- □ *25 g de beurre*
- □ *poivre noir*

1. Tamisez la farine et une pincée de sel dans une jatte. Coupez le beurre en noisettes et mélangez-le à la farine. Travaillez ces éléments du bout des doigts, jusqu'à obtention d'un mélange granuleux. Pétrissez la pâte en la mouillant peu à peu avec trois cuillerées à soupe d'eau glacée et laissez-la reposer 30 mn au réfrigérateur. Ensuite, abaissez-la et garnissez-en un moule à tarte, beurré, de 22 cm de diamètre. Piquez régulièrement le fond de tarte à la fourchette.
2. Pendant ce temps, préparez la garniture : égouttez le saumon et émiettez-le. Coupez la partie sableuse du pied des champignons, lavez ceux-ci, épongez-les et émincez-les. Faites fondre le beurre dans une casserole et faites-y sauter rapidement les champignons, puis retirez-les du feu. Ecalez les œufs et coupez-les en rondelles. Coupez les olives en deux.
3. Préparez la Béchamel : faites fondre le beurre dans une petite casserole et faites-y cuire la farine pendant 2 mn. Versez peu à peu le lait en remuant. Laissez épaissir la sauce sans cesser de remuer. Salez et poivrez. Retirez du feu.
4. Lorsque la pâte est reposée, allumez le four, thermostat 6 (200°). Faites cuire le fond de tarte dans le four chaud pendant 5 mn sans le couvrir. Etalez-y ensuite le saumon, les champignons et les rondelles d'œufs en couches successives. Parsemez le tout de moitiés d'olive. Nappez la garniture de sauce Béchamel.
5. Mettez la tarte sur la plaque inférieure du four et faites-la cuire de 20 à 30 mn. Servez chaud ou froid.

Tarte aux asperges ★★

Pour la pâte :
- □ *200 g de farine*
- □ *100 g de beurre*
- □ *sel*

Pour la garniture :
- □ *350 g d'asperges*
- □ *75 g d'emmenthal râpé*
- □ *25 g de parmesan râpé*
- □ *125 g de crème fraîche épaisse*
- □ *3 œufs*
- □ *noix muscade râpée*
- □ *sel, poivre*

1. Tamisez la farine et une pincée de sel dans une jatte. Découpez le beurre en dés et mélangez ceux-ci à la farine. Travaillez ces éléments du bout des doigts, jusqu'à ce que le mélange devienne granuleux. Pétrissez la pâte en la mouillant progressivement avec trois cuillerées à soupe d'eau froide. Laissez reposer 30 mn au réfrigérateur.
2. Epluchez les asperges et coupez-les toutes à la même longueur. Lavez-les et faites-les cuire pendant 7 ou 8 mn dans une casserole d'eau salée frémissante.
3. Allumez le four, thermostat 6 (200°). Abaissez la pâte et garnissez-en un moule à tarte, beurré, de 22 cm de diamètre. Piquez-la à la fourchette et faites-la cuire pendant 10 mn à blanc (p. 7), dans le four chaud.
4. Lorsque les asperges sont cuites, égouttez-les. Mélangez l'emmenthal et le parmesan. Cassez les œufs dans une autre jatte et battez-les avec les deux tiers du fromage, la crème fraîche, trois pincées de noix muscade, sel et poivre.
5. Après le premier temps de cuisson du fond de tarte, sortez-le du four, sans l'éteindre. Etalez-y le reste du fromage, puis recouvrez avec les asperges disposées en forme d'étoile. Nappez le tout avec la préparation aux œufs.
6. Remettez au four et laissez cuire pendant 30 mn. Eteignez ensuite le four et allumez le gril. Protégez le bord de la tarte avec une bande d'aluminium ménager et faites-la gratiner pendant 1 à 2 mn. Servez chaud ou tiède.

Tarte aux asperges ▷

33 cl

Renée

Renée était une pudique jeune fille jusqu'au mois de juillet 1984. Cette année-là, elle fut invitée par des amis dans leur villa du Lavandou. Elle y a découvert les plaisirs du bronzage intégral et quelques autres petites choses.

Tarte fondante fumée ★★

Pour la pâte :
- □ *200 g de farine*
- □ *2 cuil. à soupe de crème fraîche épaisse*
- □ *1 jaune d'œuf*
- □ *sel*

Pour la garniture :
- □ *200 g de poitrine de porc fumé*
- □ *125 g de gruyère râpé*
- □ *1,2 dl de crème liquide*
- □ *4 œufs*
- □ *25 g de beurre*
- □ *sel, poivre*

1. Tamisez la farine et une pincée de sel dans une jatte. Incorporez la crème fraîche et le jaune d'œuf à l'aide d'une fourchette, puis pétrissez la pâte en y ajoutant un peu de crème si elle est trop sèche. Laissez-la reposer 30 mn au réfrigérateur. Abaissez-la et garnissez-en un moule à tarte de 25 cm de diamètre.
2. Préparez la garniture : ôtez la couenne de la poitrine fumée et taillez cette dernière en dés. Faites fondre le beurre dans une poêle et faites-y frire les morceaux de lard, jusqu'à ce qu'ils soient bien dorés. Cassez les œufs dans une autre jatte et battez-les avec le gruyère, la crème, un peu de sel et du poivre.
3. Allumez le four, thermostat 6 (200°). Etalez les lardons sur le fond de tarte, puis versez la préparation aux œufs dessus. Faites cuire pendant 40 mn au four, et réduisez le thermostat à 5 (170°) au bout de 30 mn. Servez chaud en entrée.

Cette pâte, d'une jolie couleur dorée, fond littéralement dans la bouche. Mais si la préparation vous semble difficile, faites une pâte simple avec du beurre et un peu d'eau.

◁ *Tarte à la viande et à la sauge*

Tarte à la viande et à la sauge ★★

Pour la pâte :
- □ *200 g de farine*
- □ *100 g de beurre*
- □ *sel*

Pour la garniture :
- □ *200 g de chair à saucisse*
- □ *200 g de bœuf haché*
- □ *3 tomates*
- □ *1 gros oignon*
- □ *1 gousse d'ail*
- □ *1 œuf + 1 blanc*
- □ *4 à 5 feuilles de sauge fraîche*
- □ *1/2 cuil. à café de sauge séchée*
- □ *15 g de beurre*
- □ *poivre noir*

1. Préparez la pâte : tamisez la farine et une pincée de sel dans une jatte. Coupez le beurre en dés et mélangez-le à la farine. Travaillez ces éléments du bout des doigts, jusqu'à ce que le mélange devienne granuleux. Pétrissez la pâte en la mouillant peu à peu avec trois cuillerées à soupe d'eau froide. Laissez reposer 30 mn au réfrigérateur. Ensuite abaissez-la et garnissez-en un moule à tarte, beurré, de 22 cm de diamètre. Découpez les restes de pâte en longues bandes pour la décoration.
2. Préparez les éléments de la garniture : plongez les tomates pendant 10 secondes dans de l'eau bouillante, puis rafraîchissez-les et pelez-les ; coupez-les en morceaux, en éliminant les graines. Epluchez l'oignon et l'ail. Emincez l'oignon. Ecrasez l'ail au presse-ail. Cassez l'œuf entier dans un bol et battez-le.
3. Allumez le four, thermostat 6 (200°). Faites fondre le beurre dans une poêle et faites-y revenir ail et oignon, jusqu'à ce que celui-ci commence à devenir translucide. Ajoutez la chair à saucisse et le bœuf haché, et faites-les revenir pendant 5 à 7 mn, à feu vif, en les écrasant à la fourchette. Incorporez les tomates, l'œuf battu, la sauge séchée, du sel et du poivre.
4. Etalez la préparation sur le fond de tarte et recouvrez-la des bandes de pâte en formant des croisillons. Pincez-en les extrémités avec le bord du fond de tarte pour les souder, puis badigeonnez-les de blanc d'œuf. Décorez de feuilles de sauge.
5. Mettez au four et laissez cuire pendant 40 mn. Servez chaud, tiède ou froid.

Catherine

Catherine a des goûts très raffinés. Elle raffole de dessous en dentelles. Elle ne pouvait pas mieux tomber en rencontrant Louis, un épicurien-né, qui ne manque pas une seule occasion pour ajouter une pièce à l'impressionnante collection de petites culottes et autres jupons de sa maîtresse.

Tarte aux épinard ★★

Pour la pâte :
- *200 g de farine*
- *100 g de beurre*
- *sel*

Pour la garniture :
- *1 kg d'épinards frais*
- *100 g de fromage blanc égoutté (faisselle)*
- *1 petit oignon*
- *50 g d'emmenthal râpé*
- *2 œufs*
- *3 cuil. à soupe de lait*
- *1 cuil. à café de jus de citron*
- *noix muscade râpée*
- *sel, poivre*

1. Tamisez la farine et une pincée de sel dans une jatte. Découpez le beurre en dés et mélangez ceux-ci à la farine. Travaillez ces éléments du bout des doigts, jusqu'à ce que le mélange devienne granuleux. Pétrissez la pâte en la mouillant progressivement avec trois cuillerées à soupe d'eau froide. Laissez reposer 30 mn au réfrigérateur.
2. Préparez les éléments de la garniture : épluchez les épinards, lavez-les et égouttez-les. Pelez l'oignon et hachez-le. Cassez les œufs dans une deuxième jatte et battez-les avec le fromage blanc, le lait, du sel et du poivre.
3. Allumez le four, thermostat 6 (200°). Lorsque la pâte a suffisamment reposé, abaissez-la et garnissez-en un moule à tarte, beurré, de 22 cm de diamètre. Piquez légèrement le fond à la fourchette et faites-le cuire pendant 10 mn à blanc (p. 7), dans le four chaud.
4. Pendant ce temps, mettez les épinards égouttés, mais encore mouillés, dans un faitout, couvrez-les et laissez-les fondre pendant 4 à 5 mn. Egouttez-les et hachez-les. Incorporez-y l'oignon, le jus de citron et trois pincées de noix muscade.
5. Lorsque le fond de tarte est partiellement cuit, sortez-le du four, sans éteindre celui-ci. Découvrez-le et étalez-y les épinards. Nappez avec la préparation aux œufs et parsemez le tout d'emmenthal. Remettez au four, laissez cuire 40 mn, et réduisez le thermostat à 5 (170°) au bout de 10 mn. Servez tiède en entrée ou bien avec des champignons marinés (p. 94) et une salade de pommes de terre en plat principal.

Tarte aux courgettes ★★

Pour la pâte :
- *200 g de farine*
- *125 g de beurre*
- *sel*

Pour la garniture :
- *350 g de courgettes*
- *75 g de gruyère râpé*
- *1 oignon de 200 g*
- *1 gousse d'ail*
- *1,2 dl de lait*
- *1 œuf*
- *1 cuil. à soupe d'huile*
- *15 g de beurre*
- *sel poivre*

1. Tamisez la farine et une pincée de sel dans une jatte. Coupez le beurre en noisettes et mélangez-le à la farine. Travaillez ces éléments du bout des doigts, jusqu'à obtention d'un mélange granuleux. Pétrissez la pâte en la mouillant peu à peu avec trois cuillerées à soupe d'eau froide et laissez-la reposer 30 mn au réfrigérateur.
2. Pendant ce temps, épluchez l'ail et l'oignon. Hachez l'oignon et écrasez l'ail au presse-ail. Faites chauffer l'huile dans une poêle, ajoutez le beurre et lorsque celui-ci est fondu, faites-y revenir ail et oignon, jusqu'à ce que ce dernier soit translucide. Lavez les courgettes, coupez-les en fines rondelles et ajoutez-les dans la poêle. Faites-les revenir, à leur tour, pendant 5 à 6 mn, à feu doux. Cassez l'œuf dans un bol et battez-le avec 50 g de gruyère, le lait, du sel et du poivre.
3. Allumez le four, thermostat 6 (200°). Lorsque la pâte a suffisamment reposé, abaissez-la et garnissez-en un moule à tarte, beurré, de 22 cm de diamètre. Piquez le fond de tarte à la fourchette et faites-le cuire pendant 10 à 15 mn à blanc (p. 7).
4. Lorsque le fond de tarte est partiellement cuit, sortez-le du four, sans éteindre celui-ci, et découvrez-le. Etalez le mélange oignon, ail et courgettes sur le fond de tarte. Nappez avec la préparation au lait et à l'œuf, puis parsemez le tout du reste de gruyère. Remettez pendant 30 mn au four, jusqu'à ce que la tarte soit légèrement dorée sur le dessus. Servez chaud ou tiède.

Tarte aux courgettes ▷

F 37,00

Angela

Angela est une Provençale au sang chaud. Elle vend ses tartes sur le marché de Manosque. En dépit des étiquettes, elle fait ses prix à la « tête du client ». Les garçons des environs savent que tout rabais est une invite à ne pas manquer.

Tarte à l'oignon ★★

Pour la pâte :
- □ *200 g de farine*
- □ *100 g de beurre*
- □ *sel*

Pour la garniture :
- □ *750 g d'oignons doux*
- □ *2 cuil. à soupe de crème fraîche épaisse*
- □ *75 g de gruyère râpé*
- □ *2 cuil. à soupe d'huile d'olive*
- □ *25 g de beurre*
- □ *sel, poivre*

Pour la décoration :
- □ *1 poivron vert*
- □ *10 olives noires dénoyautées*

1. Tamisez la farine et une pincée de sel dans une jatte. Coupez le beurre en dés et mélangez-le à la farine. Travaillez ces éléments du bout des doigts, jusqu'à obtention d'un mélange granuleux. Pétrissez la pâte en la mouillant peu à peu avec trois cuillerées à soupe d'eau froide. Laissez reposer 30 mn au réfrigérateur.
2. Pendant ce temps, pelez les oignons et émincez-les. Otez le pédoncule et les graines du poivron, lavez-celui-ci et coupez-le en anneaux. Faites fondre le beurre dans une casserole et faites-y revenir les rondelles d'oignon, jusqu'à ce qu'elles soient translucides. Ajoutez du sel et du poivre. Retirez du feu et incorporez la crème fraîche.
3. Allumez le four, thermostat 6 (200°). Lorsque la pâte a suffisamment reposé, abaissez-la et garnissez-en un moule à tarte, préalablement beurré, de 22 cm de diamètre. Piquez-la légèrement à la fourchette et faites-la cuire pendant 10 mn à blanc (p. 7) dans le four chaud, jusqu'à ce qu'elle soit légèrement croustillante.
4. Lorsque le fond de tarte est partiellement cuit, retirez-le du four, sans l'éteindre, et découvrez-le. Etalez les oignons sur le fond de tarte, puis décorez avec les anneaux de poivron et les olives. Remettez pendant 20 mn au four. Servez très chaud avec une salade de tomates.

Tarte à la tomate ★★

Pour la pâte :
- □ *200 g de farine*
- □ *100 g de beurre*
- □ *sel*

Pour la garniture :
- □ *750 g de tomates*
- □ *1/2 piment rouge frais*
- □ *1 gros oignon*
- □ *1 gousse d'ail*
- □ *15 g de beurre*
- □ *sel, poivre*

1. Préparez la pâte : tamisez la farine et une pincée de sel dans une jatte. Découpez le beurre en noisettes et mélangez-le à la farine. Travaillez le tout du bout des doigts, jusqu'à ce que le mélange devienne granuleux. Pétrissez la pâte en la mouillant progressivement avec trois cuillerées à soupe d'eau froide. Laissez reposer 30 mn au réfrigérateur.
2. Préparez la garniture : plongez 500 g de tomates pendant 10 secondes dans de l'eau bouillante, puis rafraîchissez-les. Pelez-les et coupez-les en morceaux. Otez les graines du demi-piment, lavez celui-ci et découpez-le en lanières. Pelez l'oignon et coupez-le en rondelles, réservez-en pour la décoration et défaites-le en anneaux. Epluchez l'ail et écrasez-le au presse-ail.
3. Faites fondre le beurre dans une casserole et faites-y revenir le piment, l'oignon et l'ail pendant 1 mn. Ajoutez les tomates, du sel et du poivre. Laissez cuire pendant 20 mn à feu doux, jusqu'à ce que les tomates soient réduites en purée.
4. Allumez le four, thermostat 6 (200°). Lorsque la pâte a suffisamment reposé, abaissez-la et garnissez-en un moule à tarte, beurré, de 22 cm de diamètre. Piquez-la légèrement à la fourchette et faites-la cuire pendant 10 mn à blanc (p. 7) dans le four chaud, jusqu'à ce qu'elle soit légèrement croustillante. Sortez le fond de tarte du four, sans éteindre celui-ci, et découvrez-le.
5. Lorsque les tomates sont cuites, laissez évaporer le liquide si la purée est trop épaisse, en augmentant la flamme. Etalez cette purée sur le fond de tarte. Lavez le reste des tomates, coupez celles-ci en fines rondelles et disposez-les sur le dessus de la tarte ainsi que les anneaux d'oignon que vous avez réservé. Remettez pendant 20 mn au four. Servez chaud, tiède ou froid.

◁ *Tarte à l'oignon (à gauche). Tarte à la tomate (à droite)*

Sabine

Sabine a la peau laiteuse et le cheveu blond. Son air innocent et candide cache un besoin de domination indicible. Elle a épousé Jean-Paul, un fier agent de police parisien. Si M. le Gardien de l'ordre n'a pas son égal pour démêler le plus inextricable embouteillage, à la maison il file doux et passe, les menottes aux mains, sous les fourches caudines de Madame.

Tarte au fromage et aux tomates ★★

Pour la pâte :
- □ *200 g de farine*
- □ *100 g de beurre*
- □ *sel*

Pour la garniture :
- □ *200 g de gouda râpé*
- □ *250 g de crème fraîche épaisse*
- □ *2 œufs*
- □ *2 grosses tomates*
- □ *persil plat ciselé*
- □ *noix muscade râpée*
- □ *sel, poivre.*

1. Tamisez la farine et une pincée de sel dans une jatte. Coupez le beurre en dés et mélangez-le à la farine. Travaillez ces éléments du bout des doigts, jusqu'à obtention d'un mélange granuleux. Pétrissez la pâte en la mouillant peu à peu avec trois cuillerées à soupe d'eau froide. Laissez reposer 30 mn au réfrigérateur.
2. Allumez le four, thermostat 6 (200°). Lorsque la pâte a suffisamment reposé, abaissez-la et garnissez-en un moule à tarte, beurré, de 22 cm de diamètre. Piquez légèrement le fond de tarte à la fourchette et faites-le cuire pendant 10 mn à blanc (p. 7), dans le four chaud, jusqu'à ce qu'il soit légèrement croustillant.
3. Préparez la garniture* : cassez les œufs en séparant les blancs des jaunes dans deux autres jattes. Battez les jaunes avec le gouda et la crème fraîche. Montez les blancs en neige et incorporez-les à la préparation ainsi qu'un peu de persil, de noix muscade, de sel et de poivre. Lavez les tomates et coupez-les en rondelles.
4. Lorsque le fond de tarte est partiellement cuit, sortez-le du four, réduisez le thermostat à 5 (170°), et découvrez-le. Etalez-y la préparation au fromage, puis recouvrez d'une couronne de rondelles de tomate. Poudrez légèrement celles-ci de sel.
5. Remettez au four et laissez cuire pendant encore 30 à 40 mn. Poudrez de persil ciselé et servez avec un assortiment de crudités ou de salades de saison.

* A ne pas préparer à l'avance à cause des blancs en neige.

Tarte au maïs ★

Pour la pâte :
- □ *200 g de farine*
- □ *100 g de beurre*
- □ *sel*

Pour la garniture :
- □ *300 g de grains de maïs au naturel*
- □ *2 gros oignons*
- □ *3 gros œufs*
- □ *2 cuil. à soupe de lait*
- □ *1 cuil. à café d'herbes de Provence*
- □ *25 g de beurre*
- □ *sel d'ail*
- □ *poivre noir*

1. Tamisez la farine et une pincée de sel dans une jatte. Découpez le beurre en noisettes et mélangez-le à la farine. Travaillez le tout du bout des doigts, jusqu'à ce que le mélange devienne granuleux. Pétrissez la pâte en la mouillant progressivement avec trois cuillerées à soupe d'eau froide. Laissez reposer 30 mn au réfrigérateur.
2. Pendant ce temps, égouttez les grains de maïs. Pelez les oignons et hachez-les. Faites fondre le beurre dans une casserole et faites-y revenir les oignons, jusqu'à ce qu'ils soient translucides, puis retirez-les du feu. Cassez les œufs dans une jatte et battez-les avec le lait, les herbes de Provence, une pincée de sel d'ail et une pincée de poivre.
3. Allumez le four, thermostat 6 (200°). Lorsque la pâte a suffisamment reposé, abaissez-la et garnissez-en un moule à tarte, beurré, de 22 cm de diamètre. Piquez-la légèrement à la fourchette et faites-la cuire pendant 5 mn à blanc (p. 7), dans le four chaud.
4. Lorsque le fond de tarte est partiellement cuit, sortez-le du four, sans éteindre celui-ci. Découvrez-le et étalez-y successivement les oignons et le maïs. Nappez le tout avec la préparation aux œufs.
5. Remettez au four pendant 30 mn. Servez chaud avec des petites pommes de terre nouvelles, des courgettes ou des aubergines sautées, parfumées d'ail.

Tarte au fromage et aux tomates ▷

POLICE

Noémie

Noémie a gardé toute son âme d'enfant. Chaque année elle exige de Robert, son mari, qu'il se déguise en Père Noël pour déposer les cadeaux au pied de la cheminée.

Quiche au thon et aux champignons ★★

Pour la pâte :
- *200 g de farine*
- *100 g de beurre*
- *sel*

Pour la garniture :
- *200 g de thon au naturel*
- *175 g de champignons*
- *1 gros oignon*
- *1 gousse d'ail*
- *1,2 dl de lait*
- *2 œufs*
- *2 cuil. à soupe de crème fraîche épaisse*
- *1 cuil. à soupe bombée de persil plat ciselé*
- *15 g de beurre*
- *poivre noir*

1. Tamisez la farine et une pincée de sel dans une jatte. Coupez le beurre en dés et mélangez-le à la farine. Travaillez ces éléments du bout des doigts, jusqu'à obtention d'un mélange granuleux. Pétrissez la pâte en la mouillant peu à peu avec trois cuillerées à soupe d'eau froide. Laissez reposer 30 mn au réfrigérateur.
2. Pendant ce temps, égouttez le thon et émiettez-le à la fourchette. Coupez la partie sableuse du pied des champignons, lavez ceux-ci, épongez-les et émincez-les. Pelez l'oignon et hachez-le. Epluchez l'ail et écrasez-le au presse-ail. Cassez les œufs dans une autre jatte et battez-les avec le lait, la crème fraîche, le persil, du sel et du poivre.
3. Allumez le four, thermostat 6 (200°). Lorsque la pâte a suffisamment reposé, abaissez-la et garnissez-en un moule à tarte, préalablement beurré, de 22 cm de diamètre. Piquez-la légèrement à la fourchette et faites-la cuire pendant 10 mn à blanc (p. 7), dans le four chaud jusqu'à ce qu'elle soit légèrement croustillante.
4. Faites fondre le beurre dans une poêle et faites-y revenir champignons, oignon et ail de 3 à 5 mn, à feu modéré, jusqu'à ce que les légumes soient blonds. Retirez du feu.
5. Lorsque le fond de tarte est partiellement cuit, sortez-le du four, sans éteindre celui-ci. Découvrez-le et étalez-y le thon, puis les champignons. Nappez le tout avec les œufs battus et remettez au four 30 mn. Servez chaud ou froid.

◁ *Tarte au poulet et aux poivrons*

Tarte au poulet et aux poivrons ★★

Pour la pâte :
- *200 g de farine*
- *100 g de beurre*
- *sel*

Pour la garniture :
- *500 g de chair de poulet cuite*
- *1 petit poivron rouge*
- *1 petit poivron vert*
- *120 g de crème fraîche épaisse*
- *1 oignon*
- *1 gousse d'ail*
- *1 œuf*
- *1 cuil. à soupe de purée de tomate*
- *1 cuil. à soupe de persil plat ciselé*
- *1/2 cuil. à café de thym séché*
- *15 g de beurre*
- *poivre noir*

1. Tamisez la farine et une pincée de sel dans une jatte. Découpez le beurre en noisettes et mélangez-le à la farine. Travaillez le tout du bout des doigts, jusqu'à ce que le mélange devienne granuleux. Pétrissez la pâte en la mouillant progressivement avec trois cuillerées à soupe d'eau froide. Laissez reposer 30 mn au réfrigérateur.
2. Pendant ce temps, préparez les éléments de la garniture : taillez la chair de poulet en dés. Retirez le pédoncule et les graines des poivrons, rincez ceux-ci et coupez-les en anneaux. Pelez l'oignon et émincez-le. Epluchez l'ail et écrasez-le au presse-ail. Cassez l'œuf dans un bol et battez-le avec la crème fraîche, le persil, le thym, du sel et du poivre.
3. Allumez le four, thermostat 6 (200°). Lorsque la pâte a suffisamment reposé, abaissez-la et garnissez-en un moule à tarte, beurré, de 22 cm de diamètre. Piquez-la légèrement à la fourchette, faites-la cuire 10 mn à blanc (p. 7), dans le four chaud, jusqu'à ce qu'elle commence à devenir croustillante.
4. Faites fondre le beurre dans une poêle et faites-y revenir ail et oignon à feu modéré, jusqu'à ce que celui-ci commence à devenir translucide. Ajoutez la chair de poulet et laissez dorer légèrement. Ajoutez les poivrons, faites-les revenir pendant 1 mn. Incorporez la purée de tomates. Retirez du feu et ajoutez la préparation à l'œuf et à la crème. Mélangez.
5. Lorsque le fond de tarte est partiellement cuit, sortez-le du four, sans éteindre celui-ci. Découvrez-le et étalez-y la garniture. Remettez au four pendant 30 mn, jusqu'à ce que la tarte soit ferme sur le dessus. Servez chaud avec des légumes, en plat principal.

Corinne

Il y a un an, Corinne a acheté aux Sables-d'Olonne un restaurant délaissé par les clients. Le tour de main de la nouvelle patronne et ses délicieuses tartelettes aux moules ont redonné vie à l'établissement.

Tartelettes feuilletées aux moules ★★★

- □ *200 g de pâte feuilletée*
- □ *1,5 litre de moules*
- □ *200 g de crème fraîche épaisse*
- □ *2 échalottes*
- □ *1 gousse d'ail*
- □ *25 g de farine*
- □ *3 cuil. à soupe de persil plat ciselé*
- □ *2 jaunes d'œufs*
- □ *1 dl de vin blanc sec*
- □ *75 g de beurre*
- □ *sel, poivre noir*

1. Abaissez la pâte feuilletée et garnissez-en 6 à 8 moules à tartelettes humidifiés.
2. Allumez le four, thermostat 7 (230°). Piquez les fonds de tartelettes à la fourchette et faites-les cuire pendant 10 ou 12 mn, à blanc (p. 7), puis pendant 3 mn à découvert.
3. Pendant ce temps, grattez les moules et ébarbez-les. Lavez-les à plusieurs eaux et égouttez-les. Pelez les échalottes et hachez-les. Epluchez l'ail et écrasez-le au presse-ail.
4. Faites fondre 40 g de beurre dans une grande sauteuse et faites-y revenir l'échalotte et l'ail, pendant 1 mn, à feu vif. Ajoutez les moules, 2 cuillerées de persil, le vin, 2 dl d'eau, du sel et du poivre, puis faites sauter le tout, pendant 10 mn, à feu vif, jusqu'à ce que les moules soient ouvertes. Egouttez celles-ci et réservez le jus de cuisson, décoquillez-les.
5. Lorsque les fonds de tartelettes sont cuits, sortez-les du four. Eteignez celui-ci et allumez le gril à la place.
6. Faites fondre le reste du beurre dans une petite casserole et faites-y cuire la farine 1 mn, en mélangeant avec une spatule. Versez peu à peu trois dl du jus de cuisson des moules et laissez épaissir en mélangeant constamment. Incorporez rapidement les jaunes d'œufs et laissez encore épaissir, sans cesser de remuer. Retirez du feu et ajoutez la crème fraîche, du sel et du poivre. Battez le tout au fouet à main.
7. Répartissez les moules entre les fonds de tartelettes et versez la préparation précédente dessus. Faites réchauffer les fonds de tartelettes pendant 1 ou 2 mn au gril. Décorez avec le reste de persil et servez chaud.

Flan au crabe ★

- □ *200 g de chair de crabe cuite*
- □ *4 œufs*
- □ *7 cuil. à soupe de crème fraîche épaisse*
- □ *7 cuil. à soupe de lait*
- □ *1 cuil. à soupe de persil plat ciselé*
- □ *paprika doux*
- □ *sel, poivre*

Pour la décoration :

- □ *1 citron*
- □ *brins de persil*

1. Emiettez le crabe à la fourchette en éliminant les cartilages. Cassez les œufs dans une jatte et battez-les avec le crabe, la crème fraîche, le persil, une pincée de paprika, de sel et de poivre.
2. Allumez le four, thermostat 5 (170°). Faites bouillir le lait dans une petite casserole, puis laissez-le refroidir, lorsqu'il est tiède incorporez-le au contenu de la jatte.
3. Etalez la préparation dans un moule à tarte en porcelaine, beurré, de 20 cm de diamètre. Placez celui-ci dans un grand plat rond rempli de quelques centimètres d'eau. Faites cuire pendant 45 mn au four, jusqu'à ce que le flan soit ferme.
4. Au bout de ce temps, laissez reposer le flan dans son moule pendant 5 mn. Retournez-le ensuite sur un plat et laissez-le refroidir. Lavez le citron et coupez-le en rondelles. Décorez le dessus du flan de rondelles de citron et de persil et servez.

Tartelettes feuilletées aux moules (à gauche)
Flan au crabe (à droite) ▷

PIZ
BUIN
Perrier

Brigitte

Brigitte a quitté sa Corse natale pour prendre mari en Allemagne. Mais elle est vite revenue dans l'Ile de Beauté où elle a retrouvé son increvable 2 CV. Elle fait découvrir à Siegfried le bonheur de s'ébattre dans les calanques désertes et les plaisirs sans fin de la chasse sous-marine.

Tarte feuilletée aux anchois ★★

- □ *300 g de pâte feuilletée*
- □ *1,2 kg de gros oignons doux*
- □ *10 filets d'anchois à l'huile*
- □ *100 g d'olives de Nice*
- □ *2 gousses d'ail*
- □ *4 cuil. à soupe d'huile d'olive*
- □ *sel, poivre*

1. Pelez les oignons et émincez-les finement. Pelez les gousses d'ail et hachez-les menu. Faites chauffer trois cuillerées à soupe d'huile dans une sauteuse. Mettez les oignons, mélangez 5 mn, jusqu'à ce qu'ils soient blonds. Ajoutez-y l'ail, mélangez 30 secondes, puis ajoutez 4 cuillerées à soupe d'eau, salez peu, poivrez, couvrez et laissez cuire 30 mn, à feu doux et à couvert, en remuant de temps en temps.
2. Allumez le four, thermostat 7 (230°). Etalez la pâte feuilletée sur 3 mm d'épaisseur. Mouillez la plaque de four et posez-y la pâte. Roulez le bord en torsade. Piquez la pâte de plusieurs coups de fourchette afin qu'elle ne gonfle pas à la cuisson.
3. Etalez les oignons tièdes sur la pâte. Garnissez de filets d'anchois et d'olives et arrosez avec le reste d'huile. Glissez la tarte au four et laissez cuire pendant 30 mn. Dégustez chaud ou tiède.

Cette tarte est adaptée de la célèbre pissaladière niçoise dont la pâte est une pâte à pain et non une pâte feuilletée.

Quiche provençale ★★

Pour la pâte :
- □ *200 g de farine*
- □ *100 g de beurre*
- □ *sel*

Pour la garniture :
- □ *200 g d'aubergines*
- □ *200 g de courgettes*
- □ *1 poivron rouge*
- □ *75 g de parmesan râpé*
- □ *2 œufs*
- □ *1 oignon*
- □ *2 gousses d'ail*
- □ *1,2 dl de crème liquide*
- □ *1 cuil. à café de persil plat ciselé*
- □ *1/2 cuil. à café de thym séché*
- □ *2 cuil. à café d'huile*
- □ *poivre noir*

1. Tamisez la farine et une pincée de sel dans une jatte. Coupez le beurre en dés et mélangez-le à la farine. Travaillez le tout du bout des doigts, jusqu'à obtention d'un mélange granuleux. Pétrissez la pâte en la mouillant peu à peu avec trois cuillerées à soupe d'eau froide. Laissez reposer 30 mn au réfrigérateur.
2. Pendant ce temps, lavez les aubergines et les courgettes. Coupez les aubergines en dés et les courgettes en rondelles. Otez le pédoncule et les graines du poivron, rincez celui-ci et coupez-le en anneaux. Pelez l'oignon et émincez-le. Epluchez l'ail et écrasez-le au presse-ail. Cassez les œufs dans une autre jatte et battez-les avec le parmesan et la crème fraîche.
3. Allumez le four, thermostat 6 (200°). Faites chauffer l'huile dans une sauteuse et faites-y fondre l'oignon. Ajoutez les aubergines, les courgettes, le poivron, l'ail, les herbes, du sel et du poivre, puis mélangez. Faites cuire, jusqu'à ce que les légumes soient tendres, pendant 15 mn environ.
4. Lorsque la pâte a suffisamment reposé, abaissez-la et garnissez-en un moule à tarte, préalablement beurré, de 22 cm de diamètre. Egouttez les légumes et mélangez-les à la préparation aux œufs et au fromage. Etalez le tout sur le fond de tarte. Mettez au four et laissez cuire pendant 35 à 40 mn, jusqu'à ce que la tarte soit ferme sur le dessus. Servez chaud ou tiède.

◁ *Quiche provençale*

Sylvie

Sylvie a abandonné la scène des Folies-Bergère pour suivre Jean-Louis qui lui a offert le mariage et fait promettre de refaire son numéro pour lui seul, certains soirs. Voilà cinq ans qu'ils sont mariés, Sylvie fait beaucoup mieux que tenir sa promesse.

Tartelettes aux crevettes ★★

Pour la pâte :
- □ *200 g de farine*
- □ *100 g de beurre*
- □ *sel*

Pour la garniture :
- □ *250 g de crevettes décortiquées + 50 g entières*
- □ *1 oignon*
- □ *100 g de fromage blanc égoutté (faisselle)*
- □ *2 cuil. à soupe de crème fraîche épaisse*
- □ *2 cuil. à café de persil plat ciselé*
- □ *1 œuf*
- □ *15 g de beurre*
- □ *sel, poivre*

1. Tamisez la farine et une pincée de sel dans une jatte. Coupez le beurre en dés et mélangez-le à la farine. Travaillez ces éléments du bout des doigts, jusqu'à obtention d'un mélange granuleux. Pétrissez la pâte en la mouillant peu à peu avec trois cuillerées à soupe d'eau froide. Laissez reposer 30 mn au réfrigérateur.
2. Pendant ce temps, préparez la garniture : pelez l'oignon et hachez-le. Faites fondre le beurre dans une casserole et faites-y revenir l'oignon pendant 3 mn. Retirer du feu. Cassez l'œuf dans une autre jatte et battez-le avec le fromage blanc, la crème fraîche, la moitié du persil, du sel et du poivre. Incorporez l'oignon et les crevettes.
3. Allumez le four, thermostat 6 (200°). Lorsque la pâte a suffisamment reposé, abaissez-la et garnissez-en 6 à 8 moules à tartelettes préalablement beurrés. Piquez-la légèrement à la fourchette et faites-la cuire 5 mn environ à blanc (p. 7), dans le four chaud, jusqu'à ce qu'elle soit légèrement croustillante.
4. Lorsque les fonds de tartelettes sont partiellement cuits, sortez-les du four, réduisez le thermostat à 5 (170°). Découvrez-les et remplissez-les avec la garniture aux crevettes. Remettez pendant 15 à 20 mn au four, jusqu'à ce que les tartelettes soient fermes et légèrement dorées sur le dessus. Décorez avec le reste du persil et les crevettes entières. Servez chaud.

Tarte au poivron et aux noix ★

Pour la pâte :
- □ *200 g de farine*
- □ *100 g de beurre*
- □ *sel*

Pour la garniture :
- □ *1 poivron rouge*
- □ *1 gros oignon*
- □ *100 g de noix décortiquées hachées + 4 à 8 cerneaux*
- □ *2 œufs*
- □ *1,5 dl de lait*
- □ *40 g de beurre*
- □ *poivre noir*

1. Tamisez la farine et une pincée de sel dans une jatte. Découpez le beurre en noisettes et mélangez-le à la farine. Travaillez le tout, jusqu'à ce que le mélange devienne granuleux. Pétrissez la pâte en la mouillant progressivement avec trois cuillerées à soupe d'eau froide. Laissez reposer 30 mn au réfrigérateur.
2. Pendant ce temps, ôtez le pédoncule et les graines du poivron, puis lavez celui-ci et coupez-le en petits dés. Pelez l'oignon et hâchez-le. Faites fondre le beurre dans une poêle et faites-y revenir poivron et oignon de 3 à 5 mn. Retirez du feu. Cassez les œufs dans un bol et battez-les avec le lait, du sel et du poivre.
3. Allumez le four, thermostat 6 (200°). Lorsque la pâte a suffisamment reposé, abaissez-la et garnissez-en un moule à tartre, beurré, de 22 cm de diamètre. Piquez-la légèrement à la fourchette et faites-la cuire pendant 10 mn à blanc (p. 7), dans le four chaud, jusqu'à ce qu'elle commence à devenir croustillante.
4. Lorsque le fond de tarte est partiellement cuit, sortez-le du four, réduisez le thermostat à 5 (170°). Découvrez-le et étalez-y poivron et oignon. Parsemez de noix hachées, puis versez les œufs battus. Remettez pendant 30 mn au four, jusqu'à ce que la tarte soit ferme sur le dessus. Décorez avec les cerneaux de noix. Servez tiède ou froid.

Tartelettes aux crevettes ▷

Les autres les préfèrent accompagnées...

Une jolie tarte est toujours entourée d'une cour assidue. Si elle est salée, elle apprécie la compagnie d'une salade craquante assaisonnée à souhait. Si elle est sucrée, elle préfère la compagnie d'une crème anglaise, d'une glace à la vanille ou d'un sorbet.

Vinaigrette au persil ★

Pour 9 cl de sauce :
- □ *1 échalotte*
- □ *1 gousse d'ail*
- □ *1/2 cuil. à café de moutarde douce*
- □ *1 cuil. à soupe de persil plat ciselé*
- □ *1 1/2 cuil. à soupe de vinaigre de vin blanc*
- □ *4 cuil. à soupe d'huile de tournesol*
- □ *1 pincée de sel et de poivre noir*

1. Pelez l'échalotte et l'ail et hachez-les finement. Mettez-les dans un petit bocal muni d'un couvercle à vis, puis ajoutez tous les autres ingrédients.
2. Agitez le bocal ou battez le contenu à la fourchette pour émulsionner le tout. Conservez au réfrigérateur.

Vinaigrette à la coriandre ★

Pour 2 dl de sauce :
- □ *1/2 cuil. à café de moutarde douce*
- □ *4 cuil. à soupe de vinaigre de vin blanc*
- □ *2 cuil. à café de jus de citron*
- □ *2 cuil. à soupe de coriandre ciselée*
- □ *6 cuil. à soupe d'huile d'olive*
- □ *1 pincée de sel et de poivre*

Mettez tous les ingrédients dans un petit bocal muni d'un couvercle à vis. Fermez le récipient et agitez-le énergiquement. Ajoutez du sel ou du poivre, si cela est nécessaire. Conservez au frais.

Cette sauce relèvera particulièrement bien une salade mélangée à base de chou blanc, laitue, concombre et tomates.

Vinaigrette douce ★

Pour 1,2 dl de sauce :
- □ *1 gousse d'ail*
- □ *3 cuil. à soupe de vinaigre de vin*
- □ *1 pincée de sucre*
- □ *1/2 cuil. à café d'herbes séchées, de votre choix*
- □ *6 cuil. à soupe d'huile*
- □ *1 pincée de sel et de poivre noir*

1. Pelez l'ail et écrasez-le au presse-ail. Mettez-le dans un petit bocal muni d'un couvercle à vis, puis ajoutez tous les autres ingrédients.
2. Fermez le bocal et agitez-le pour émulsionner le tout. Conservez au frais.

Sauce piquante ★

- □ *6 cuil. à soupe de jus de tomate*
- □ *2 cuil. à soupe de jus de citron*
- □ *1 cuil. à soupe de persil plat ciselé*
- □ *1 cuil. à café de sauce Worcestershire*
- □ *1 pincée de sel et de poivre noir*

Mettez tous les ingrédients dans un petit bocal muni d'un couvercle à vis. Fermez ce bocal et agitez-le énergiquement. Rectifiez l'assaisonnement, si besoin est. Conservez au refrigérateur.

Vinaigrette à la coriandre ▷

Sauce aïoli ★

- □ *4 gousses d'ail nouveau*
- □ *2 jaunes d'œufs*
- □ *1 cuil. à soupe de jus de citron*
- □ *3 dl d'huile d'olive*
- □ *1 pincée de sel et de poivre*

1. Pelez l'ail et écrasez-le au presse-ail. Si l'ail n'est pas nouveau, ôtez-en le germe.
2. Mettez les jaunes d'œufs dans un bol rafraîchi et battez-les à la fourchette. Mélangez l'ail avec une cuillerée à soupe d'huile et incorporez le tout aux jaunes d'œufs.
3. Versez le reste d'huile goutte à goutte en battant à la fourchette, jusqu'à ce que la sauce épaississe.
4. Ajoutez le jus de citron, du sel et du poivre et mélangez. Conservez dans un endroit frais.

Cette sauce est excellente avec une tarte au poisson et relève parfaitement les crudités.

Mayonnaise ★

- □ *1/2 cuil. à café de moutarde de Dijon*
- □ *1 cuil. à soupe de vinaigre de vin blanc*
- □ *2 jaunes d'œufs (à température ambiante)*
- □ *3 dl d'huile (à température ambiante)*
- □ *1 pincée de sel et de poivre noir*

1. Mettez les jaunes d'œufs, la moutarde, le sel et le poivre dans une jatte, puis battez-les au fouet à main.
2. Ajoutez la moitié de l'huile goutte à goutte, toujours en battant au fouet, puis incorporez le vinaigre. Versez le reste de l'huile en un mince filet: la mayonnaise doit être épaisse et ferme. Rectifiez l'assaisonnement, si cela est nécessaire, et mettez pendant 1 h au réfrigérateur.

Variante: pour une mayonnaise au citron, remplacer le vinaigre par du jus de citron et ajoutez, éventuellement, un peu de zeste râpé. Cette sauce est parfaite avec une tarte au poulet et aux poivrons (p. 69).

Sauce yaourt aux herbes ★

Pour 2 dl de sauce:

- □ *1,5 dl de yaourt nature*
- □ *1 1/2 cuil. à soupe de jus de citron*
- □ *1 cuil. à soupe de persil plat ciselé*
- □ *1 cuil. à soupe de ciboulette ciselée*
- □ *1 cuil. à soupe de menthe ciselée*
- □ *1 pincée de sel et de poivre*

Mettez tous les ingrédients dans un petit bocal muni d'un couvercle à vis. Fermez le récipient et agitez-le énergiquement. Conservez au frais.

◁ *Sauce yaourt aux herbes*

Sauce à la confiture ⋆

- *4 cuil. à soupe de confiture (qui devra s'harmoniser avec la garniture de la tarte)*
- *1 cuil. à café de jus de citron*
- *1 cuil. à café de Maïzena*

1. Mettez la confiture dans une casserole, ajoutez 1,5 dl d'eau et portez à ébullition en mélangeant. Réduisez ensuite la flamme et laisez cuire pendant 2 mn, puis retirez du feu.
2. Délayez la Maïzena avec une cuillerée à soupe d'eau et incorporez-la à la préparation. Portez à ébullition, puis ajoutez le jus de citron. Mélangez une dernière fois et servez dans un petit pot.

Si vous utilisez de la confiture comprenant la peau des fruits (abricots, prunes...), vous pouvez la tamiser avant d'y incorporer la Maïzena.

Crème anglaise ⋆

- *3 dl de lait*
- *2 jaunes d'œufs*
- *1 cuil. à soupe bombée de sucre*
- *extrait de vanille*

1. Versez le lait et quelques gouttes d'extrait de vanille dans une casserole, puis amenez doucement à ébullition.
2. Mettez les jaunes d'œufs dans une jatte, ajoutez le sucre et battez le tout à la fourchette, jusqu'à ce que le mélange blanchisse.
3. Délayez le mélange jaunes d'œufs-sucre avec le lait et reversez le tout dans la casserole. Faites cuire en mélangeant, sur feu modéré, jusqu'à ce que la crème épaississe légèrement, sans porter à ébullition. Servez chaud ou froid avec une tarte aux fruits.

Vous pouvez faire prendre la crème au freezer et la servir en glace.

Sauce mousseuse à la fraise ⋆

- *750 g de fraises*
- *3 dl de crème liquide très froide*
- *4 blancs d'œufs*
- *6 cuil. à soupe de sucre semoule*

1. Lavez les fraises, équeutez-les et passez-les dans un mixeur, avec quatre cuillerées à soupe de sucre, jusqu'à obtention d'un coulis. Vous pouvez soit le filtrer pour en éliminer les grains des fraises, soit les garder si vous aimez les sentir. Mettez au réfrigérateur.
2. Battez la crème en y incorporant une cuillerée à soupe de sucre, jusqu'à ce qu'elle soit ferme. Battez les blancs d'œufs en neige puis ajoutez-y la dernière cuillerée de sucre et continuez de battre, jusqu'à ce qu'ils soient bien fermes. Mélangez crème et blancs, en soulevant le tout à l'aide d'une spatule souple puis ajoutez-y le coulis de fraises. Mélangez et gardez au réfrigérateur jusqu'au moment de l'utilisation.

Vous pouvez aussi faire geler cette sauce au réfrigérateur et obtenir une crème glacée qui se mariera parfaitement avec toutes les tartes aux fruits rouges.

Glace à la vanille ⋆

- *300 g de crème fraîche épaisse*
- *100 g de sucre semoule*
- *6 dl de lait*
- *1 gousse de vanille*
- *4 jaunes d'œufs*

1. Fendez la gousse de vanille et mettez-la dans une casserole. Ajoutez le lait et portez à ébullition. Laissez infuser pendant 10 mn, puis retirez la gousse de vanille.
2. Battez les jaunes d'œufs avec le sucre dans une jatte, jusqu'à ce que le mélange devienne mousseux. Incorporez le lait en battant. Reversez le tout dans la casserole et faites chauffer en remuant avec une cuillère de bois, jusqu'aux premiers frémissements mais sans laisser bouillir. Faites refroidir complètement.
3. Fouettez la crème fraîche, jusqu'à ce qu'elle soit ferme et incorporez-la à la préparation. Versez le tout dans un bac à glaçons et mettez pendant au moins 8 h au freezer. Laissez ramollir légèrement la glace avant de la servir.

Sauce mousseuse à la fraise ▷

Sorbet aux baies ★

- *500 g de baies : cassis, fraises, framboises, groseilles, mûres...*
- *200 g de sucre*

1. Lavez les fruits (sauf les framboises) et faites-les pocher, avec deux cuillerées à soupe d'eau, dans une casserole, jusqu'à ce qu'ils soient ramollis. Passez-les ensuite au mixer pour les réduire en purée : vous devez en obtenir 6 dl.
2. Mettez le sucre dans une autre casserole et ajoutez-y 6 dl d'eau. Faites-le fondre à feu doux, puis portez-le à ébullition et laissez-le épaissir légèrement. Mélangez-le à la purée de fruits et laissez refroidir le tout.
3. Versez la préparation à sorbet dans un bac à glaçons et mettez-la pendant 2 h au freezer, jusqu'à ce qu'elle soit prise sur les bords. Battez-la à la fourchette pour éliminer les cristaux et remettez-la pendant au moins 8 h au freezer. Faites légèrement ramollir le sorbet avant de le servir.

Glace aux abricots ★

- *500 g d'abricots frais*
- *150 g de crème fraîche épaisse*
- *75 g de sucre*
- *6 cuil. à soupe de confiture d'abricots*

1. Lavez les abricots, dénoyautez-les et mettez-les dans une casserole. Ajoutez-y le sucre et 1,5 dl d'eau, faites-les pocher, jusqu'à ce qu'ils soient tendres, 20 à 25 mn. Passez-les ensuite au mixer pour les réduire en purée. Laissez refroidir celle-ci.
2. Fouettez la crème fraîche et incorporez-la à la purée de fruits tiède. Versez la préparation dans un bac à glaçons et mettez-la entre 2 et 4 h au freezer, jusqu'à ce qu'elle soit prise sur les bords. Battez-la à la fourchette pour éliminer les cristaux.
3. Passez la confiture au tamis et faites-la tiédir dans une petite casserole. Incorporez-la à la préparation de façon à obtenir un effet de marbrures. Remettez pendant 8 h au freezer. Servez avec une tarte aux abricots.

Glace au citron ★

- *2 citrons non traités*
- *300 g de crème fraîche épaisse*
- *3 dl de lait*
- *2 œufs*
- *2 cuil. à soupe de sucre*

1. Lavez les citrons, essuyez-les et râpez-en finement le zeste ; coupez-les en deux et pressez-les. Cassez les œufs dans une jatte et battez-les longuement au fouet à main, jusqu'à ce qu'ils blanchissent. Ajoutez ensuite le zeste et le jus de citron, la crème fraîche, le lait et le sucre, puis battez à nouveau.
2. Versez cette préparation dans un bac à glaçons et laissez-la prendre pendant au moins 8 h au freezer. Laissez légèrement ramollir la glace au réfrigérateur avant de la servir.

Glace au chocolat ★

- *125 g de chocolat amer*
- *150 g de crème fraîche épaisse*
- *75 g de sucre*
- *3 dl de lait*
- *4 jaunes d'œufs*
- *1 cuil. à café de café instantané en poudre*

1. Cassez le chocolat en morceaux. Faites chauffer le lait dans une casserole jusqu'aux premiers frémissements, puis retirez-le du feu. Ajoutez le chocolat et le café et laissez fondre ceux-ci pendant 10 mn environ. Mélangez bien.
2. Battez les jaunes d'œufs avec le sucre dans une jatte, jusqu'à ce qu'ils blanchissent. Versez le lait en battant, puis reversez le tout dans la casserole. Faites chauffer à feu doux en battant, jusqu'à ce que la préparation épaississe, mais sans la faire bouillir. Laissez refroidir complètement.
3. Fouettez la crème fraîche et incorporez-la à cette préparation. Versez le tout dans un bac à glaçons et laissez prendre pendant 2 h au freezer, jusqu'à ce que la glace soit prise sur les bords. Battez-la à la fourchette pour éliminer les cristaux et remettez-la pendant au moins 8 h au freezer.

◁ *Glace aux abricots*

Les salades

Lorsque vous préparez une salade, vous pouvez utiliser toutes sortes de combinaisons de fruits et de légumes afin d'obtenir un mélange savoureux et coloré.

Ratatouille froide ★

- □ *500 g de courgettes*
- □ *2 dl de jus de tomate*
- □ *150 g d'aubergine*
- □ *1 gros oignon*
- □ *1 grosse gousse d'ail*
- □ *1 cuil. à café d'herbes de Provence*
- □ *15 g de beurre*
- □ *1 cuil. à soupe d'huile*
- □ *sel, poivre*

1. Lavez les courgettes et l'aubergine. Coupez les courgettes en rondelles et l'aubergine en dés. Pelez l'oignon et émincez-le. Epluchez l'ail et écrasez-le au presse-ail.
2. Faites chauffer l'huile dans une sauteuse, ajoutez le beurre et lorsque celui-ci est fondu, faites-y revenir l'oignon pendant 1 à 2 mn, à feu modéré. Ajoutez les courgettes, le jus de tomate, l'aubergine, l'ail et les herbes de Provence. Salez, poivrez et mélangez.
3. Portez à ébullition et laissez cuire pendant 15 à 20 mn, à feu doux, jusqu'à ce que les légumes soient tendres et secs. Laissez refroidir et mettez, pendant au moins 1 h, au réfrigérateur. Servez bien frais avec une tarte salée.

Salade de crabe ★

- □ *125 g de chair de crabe cuite*
- □ *2 avocats mûrs à point*
- □ *50 g de noix décortiquées*
- □ *2 côtes de céleri*
- □ *4 à 6 cuil. à soupe de sauce piquante (p. 78)*
- □ *1 cuil. à soupe de jus de citron*
- □ *paprika*

Pour servir :

- □ *4 à 6 feuilles de laitue*
- □ *4 à 6 coquilles de Saint-Jacques ou coques de crabe (facultatif)*
- □ *rondelles de citron*
- □ *brins de persil*

1. Emiettez le crabe à la fourchette. Epluchez les avocats, fendez-les en deux et retirez-en le noyau. Découpez la pulpe en petits dés et passez ceux-ci dans le jus de citron. Brisez les noix entre vos doigts. Otez les filaments des côtes de céleri, lavez celles-ci, coupez-les en fines lamelles. Mélangez délicatement le crabe, l'avocat, les noix et le céleri dans une jatte.
2. Lavez les feuilles de laitue, essorez-les et tapissez-en les coquilles de Saint-Jacques, les coques de crabe ou des raviers et répartissez-y la préparation. Nappez de sauce piquante et poudrez de paprika. Décorez de rondelles de citron et de brins de persil.

Salade de betteraves à l'orange ★

- □ *500 g de betteraves cuites*
- □ *1 orange non traitée*
- □ *1 pomme acidulée Granny Smith*
- □ *1 cuil. à café rase de moutarde forte*
- □ *6 cerneaux de noix*
- □ *3 cuil. à soupe d'huile d'arachide*
- □ *1 cuil. à soupe de vinaigre de vin*
- □ *sel, poivre*

1. Lavez l'orange, essuyez-la et râpez-en le zeste à l'aide d'une râpe fine au-dessus d'une terrine. Coupez l'orange en deux, pressez-la et ajoutez une cuillerée de ce jus dans la terrine. Ajoutez la moutarde, sel, poivre et vinaigre et mélangez. Incorporez ensuite l'huile, en fouettant avec une fourchette.
2. Lavez la pomme, essuyez-la, coupez-la en quartiers et ôtez-en le cœur. Coupez chaque quartier de pomme en fines tranches, dans le sens de la largeur. Mettez ces tranches de pomme dans la terrine et mélangez bien. Pelez les betteraves et coupez-les en cubes de 1 cm de côté. Ajoutez-les dans la terrine et mélangez encore.
3. Mettez la salade dans un plat de service et râpez les noix à l'aide d'une râpe cylindrique, grille à gros trous, au-dessus de la salade. Servez ou laissez reposer au froid, 1 à 2 h, pas plus longtemps, sinon pomme et noix se ramolliraient.

Salade de crabe ▷

Concombre à la crème ★

□ *1 concombre*
□ *4 cuil. à soupe de crème fraîche épaisse*
□ *1 cuil. à soupe de menthe fraîche ciselée*
□ *sel, poivre*

1. Epluchez le concombre et coupez-le en fines rondelles. Mélangez celles-ci avec la crème fraîche, du sel et du poivre.
2. Mettez le concombre à la crème dans une jatte et parsemez-le de menthe fraîche ciselée. Faites rafraîchir pendant 1 h au réfrigérateur avant de servir.

Salade de tous les jours ★

□ *1 laitue, 1 romaine, 1 chicorée, 2 endives ou 1 petit chou blanc (selon saison)*
□ *4 à 6 cuil. à soupe de vinaigrette au persil (p. 78)*

Retirez les feuilles extérieures de la salade, des endives ou du chou. Effeuillez la salade, lavez-la et essorez-la ou bien rincez les endives ou le chou. Coupez les endives en rondelles ou le chou en fines lanières. Assaisonnez de vinaigrette et mélangez. Servez immédiatement.

Salade aux herbes fraîches ★

□ *1 laitue*
□ *4 à 6 cuil. à soupe de vinaigrette douce (p. 78)*
□ *fleurs de capucine ou pétales de rose*
□ *1 assortiment de fines herbes ciselées : thym, basilic, persil plat, ciboulette, cerfeuil, estragon, menthe, coriandre*

1. Retirez les feuilles extérieures de la laitue qui sont flétries, puis effeuillez celle-ci. Lavez-la et essorez-la.
2. Mélangez dans un saladier, la salade et les herbes puis arrosez de vinaigrette. Mélangez bien, décorez de fleurs de capucine ou de pétales de rose (comestibles tous deux) et servez.

Carottes râpées ★

□ *500 g de carottes*
□ *1,2 dl de vinaigrette au persil (p. 78)*
□ *4 à 6 feuilles de laitue*
□ *1 cuil. à soupe de persil plat ciselé*

1. Grattez les carottes, lavez-les et râpez-les; mettez-les dans une jatte. Mélangez-les soigneusement avec la sauce vinaigrette.
2. Lavez les feuilles de laitue, essorez-les et tapissez-en un plat ou un saladier. Mettez les carottes dessus et poudrez de persil. Mettez pendant 30 mn au réfrigérateur et servez.

◁ *Salade aux herbes fraîches*

Haricots verts en salade ★

- *500 g de haricots verts fins*
- *75 g de thon au naturel*
- *1 petit oignon*
- *1 gousse d'ail*
- *1 cuil. à soupe de persil plat ciselé*
- *4 cuil. à soupe de vinaigrette au persil (p. 78)*
- *sel, poivre*

1. Effilez les haricots, lavez-les et faites-les cuire à l'eau bouillante salée, jusqu'à ce qu'ils soient juste tendres. Rafraîchissez-les et égouttez-les. Laissez-les refroidir.
2. Pendant ce temps, égouttez le thon et émiettez-le à la fourchette. Pelez l'ail et l'oignon, puis hachez-les menu et mélangez-les avec le persil.
3. Mélangez délicatement les haricots verts et le thon dans un plat creux et assaisonnez-les de vinaigrette. Poudrez du mélange ail-oignon-persil, de sel et de poivre. Mettez pendant 1 h au réfrigérateur et servez.

Salade de pâtes ★

- *175 g de pâtes (papillons)*
- *125 g de petits champignons de Paris*
- *1 petit oignon*
- *8 olives noires dénoyautées*
- *1 cuil. à soupe de persil plat ciselé*
- *1 cuil. à café d'herbes de Provence*
- *2 cuil. à soupe de vinaigre de vin rouge*
- *6 cuil. à soupe d'huile d'olive*
- *sel, poivre noir*

1. Plongez les pâtes dans une casserole d'eau bouillante salée et laissez-cuire jusqu'à ce qu'elles soient juste tendres. Rafraîchissez-les ensuite à l'eau courante, égouttez-les dans une passoire et laissez-les refroidir.
2. Pendant ce temps, coupez la partie sableuse du pied des champignons, lavez ceux-ci, épongez-les et coupez-les en deux. Pelez l'oignon et hachez-le menu. Coupez les olives en deux, longitudinalement.
3. Mélangez pâtes, champignons, oignon et olives dans une jatte. Battez à la fourchette le vinaigre et l'huile dans un bol, puis incorporez les herbes de Provence, du sel et du poivre. Versez l'assaisonnement dans la jatte et mélangez soigneusement. Poudrez de persil et mettez pendant 1 h au réfrigérateur. Servez frais.

Couronne de riz ★

- *250 g de riz long cuit froid*
- *150 g de thon au naturel*
- *1/2 poivron rouge*
- *1/2 concombre*
- *2 tomates*
- *6 olives noires dénoyautées*
- *feuilles de laitue*
- *4 à 6 cuil. à soupe de vinaigrette au persil (p. 78)*
- *poivre*

1. Egouttez le thon et émiettez-le à la fourchette. Otez le pédoncule et les graines du demi-poivron, rincez celui-ci et découpez-le en petits carrés. Lavez le demi-concombre et taillez-le en petits dés. Lavez les tomates et coupez-en une en petits morceaux; coupez l'autre en deux, longitudinalement, et retirez-en l'eau et les graines; découpez la pulpe en fines lanières. Coupez les olives en deux dans le sens de la longueur. Lavez les feuilles de laitue, essorez-les et mettez-les au réfrigérateur.
2. Mélangez délicatement le riz, le thon et le poivron, le concombre et la tomate en morceaux à l'aide d'une fourchette. Assaisonnez de vinaigrette, de façon que tous les grains de riz soient enrobés de sauce et de poivre, si cela est nécessaire.
3. Huilez légèrement un moule à savarin et décorez-en le fond avec les lanières de tomate et les moitiés d'olive en faisant alterner celles-ci (voir photo). Ajoutez le riz et presser fermement avec le dos d'une cuillère. Mettez pendant 2 h au réfrigérateur.
4. Démoulez la couronne de riz sur un plat et décorez-la de feuilles de laitue au centre.

Salade de pâtes (en haut). Couronne de riz (en bas) ▷

Crudités en marinade ⋆

- □ *4 carottes*
- □ *3 poivrons vert, rouge et jaune*
- □ *4 côtes de céleri*
- □ *3 dl de vinaigrette au persil (p. 78)*

1. La veille au soir, grattez les carottes et lavez-les. Otez les filaments des côtes de céleri et rincez celles-ci. Retirez le pédoncule et les graines des poivrons, puis lavez ces derniers. Coupez ces trois variétés de légume en julienne, c'est-à-dire en bâtonnets, et arrosez-les du tiers de la vinaigrette. Laissez mariner les légumes pendant toute la nuit au réfrigérateur.
2. Le lendemain, égouttez les bâtonnets de légume en gardant le reste de vinaigrette et disposez-les en couronne sur un grand plat rond (voir photo). Versez la vinaigrette que vous avez recueillie dans un petit pot et mettez celui-ci au centre de la couronne.
Servez frais en amuse-gueule, pour accompagner l'apéritif, ou bien en salade.

Salade de cresson à l'orange et aux noix ⋆

- □ *1 botte de cresson*
- □ *1 grosse orange*
- □ *50 g de cerneaux de noix*
- □ *2 côtes de céleri*
- □ *1/2 cuil. à café de moutarde de Dijon*
- □ *1 cuil. à soupe de vinaigre de vin rouge*
- □ *3 cuil. à soupe d'huile de noix ou d'olive*
- □ *sel, poivre noir*

1. Nettoyez le cresson en éliminant les feuilles jaunies ou flétries et en coupant les tiges. Lavez-le soigneusement, puis essorez-le. Epluchez l'orange à vif et coupez-la en quartiers. Recoupez chacun en quatre (l'orange va contribuer à atténuer l'amertume du cresson). Otez les filaments des côtes de céleri, lavez celles-ci et coupez-les en fines lamelles. Mélangez cresson, orange, noix et céleri dans un saladier.
2. Mettez la moutarde, le vinaigre, l'huile, du sel et du poivre dans un bol, puis battez le tout à la fourchette jusqu'à obtention d'une émulsion. Versez la sauce sur la salade et mélangez. Servez aussitôt.

Fleurs d'oignon ⋆

- □ *1 botte d'oignons nouveaux*

1. Epluchez les oignons en laissant seulement 5 cm de tige verte au-dessus du bulbe. Découpez cette tige en languettes.
2. Plongez les oignons dans 6 dl d'eau glacée et laissez-les tremper pendant 30 mn environ au réfrigérateur, jusqu'à ce que l'extrémité des tiges forme des boucles.
3. Egouttez les fleurs d'oignon et décorez-en tartes et salades.

Salade express ⋆

- □ *450 g de cœurs d'artichauts au naturel*
- □ *450 g de cœurs de palmiers au naturel*
- □ *450 g de pointes d'asperges au naturel*
- □ *2 ou 3 cuil. à soupe de vinaigrette au persil (p. 78)*
- □ *persil plat ciselé*

1. Egouttez les légumes et disposez-les sur un plat. Versez la vinaigrette dessus et poudrez de persil.

Cette recette est très pratique pour les dîners impromptus entre amis. Servez-la en hors-d'œuvre et faites-la suivre d'une tarte.

Salade express (en haut, à gauche)
Salade de cresson à l'orange et aux noix (en haut, à droite)
◁ *Crudités en marinade (en bas)*

Salade de laitue aux pignons ⋆

- □ *1 laitue*
- □ *50 g de pignons*
- □ *4 cuil. à soupe de vinaigrette douce (p. 78)*

1. Effeuillez la laitue en éliminant les feuilles extérieures qui sont flétries, lavez-la et essorez-la.
2. Mélangez les feuilles de salade avec les pignons et la vinaigrette. Servez immédiatement dans un saladier.

Champignons marinés aux grains de coriandre ⋆

- □ *500 g de petits champignons de Paris*
- □ *1 oignon doux*
- □ *1 gousse d'ail*
- □ *1,5 dl de vin blanc*
- □ *2 cuil. à soupe de grains de coriandre*
- □ *1/2 cuil. à café de curcuma*
- □ *1 cuil. à soupe de persil plat ciselé*
- □ *4 cuil. à soupe d'huile de maïs ou d'olive*
- □ *sel, poivre*

1. Pelez l'ail et l'oignon et hachez-les. Mettez dans une casserole avec le vin, la coriandre, le persil, le curcuma, l'huile, du sel, du poivre et un quart de litre d'eau. Portez à ébullition, puis laissez cuire, pendant 20 mn, à petits frémissements en remuant de temps à autre et en ajoutant un peu d'eau, si cela est nécessaire.
2. Coupez la partie sableuse du pied des champignons, lavez ceux-ci et épongez-les. Coupez les plus gros en deux ou en quatre. Ajoutez-les dans la casserole et faites-les cuire 20 mn dans la sauce. Servez frais, après avoir laissé macérer les champignons au moins 2 h dans leur marinade.

Salade cauchoise ⋆

- □ *1,500 kg de petites pommes de terre nouvelles de même grosseur*
- □ *1 céleri en branches (sans les feuilles)*
- □ *150 g de crème fraîche épaisse*
- □ *150 g de jambon cru en une seule tranche*
- □ *1 cuil. à soupe de cerfeuil ciselé*
- □ *1 cuil. à soupe de persil plat ciselé.*
- □ *1 cuil. à soupe de vinaigre blanc*
- □ *1 cuil. à soupe de jus de citron*
- □ *sel, poivre noir*

1. Lavez les pommes de terre sans les éplucher et plongez-les dans une casserole d'eau bouillante. Laissez-les cuire, jusqu'à ce qu'elles soient tendres, puis rafraîchissez-les, égouttez-les et gardez-les tièdes.
2. Pendant ce temps, séparez les côtes de céleri et retirez-en les filaments. Lavez-les et coupez-les en fines lamelles. Otez le gras du jambon et coupez celui-ci en petits carrés. Mélangez la crème fraîche avec le vinaigre et le jus de citron.
3. Epluchez les pommes de terre et coupez-les en rondelles. Mélangez celles-ci avec le céleri, le jambon et le persil. Ajoutez la crème fraîche, du sel, du poivre et mélangez à nouveau. Parsemez de cerfeuil et servez.

INDEX

Remerciements

Les photographies de cet ouvrage sont de Martin Brigdale
assisté de Steve Hyde et Nick Carman
Les plats ont été préparés par Jackie Baxter
et Jane Suthering
Styliste : Liz Hippisley

L'éditeur remercie les sociétés suivantes
pour lui avoir prêté des accessoires :
Anvil Interiors, 55 New King's Road SW 6 ; David Mellor,
4 Sloane Square, London SW 1 ; Divertimenti,
139 Fulham Road, London SW 3 ; General Trading
Company, 144 Sloane Street, London SW 1 ; Putnam's,
72 Mill Lane, London NW 6 ;
Rockingham's Nurseries,
181 Upper Richmond Road, London SW 14 ;
Through the Looking Glass,
New King's Road, London SW 6.

L'éditeur tient à remercier particulièrement la société
Alfred Dunhill Limited, 30 Duke Street, St James's,
London SW 1Y 6DL pour lui avoir prêté gracieusement
la montre photographiée en page 20.

L'édition française a été réalisée par Elisabeth Scotto
Traduction : Daphné Halin
Secrétariat de rédaction et maquette : Filigrane.

Dépôt légal : février 1986
N° d'éditeur 299. ISBN 2.7318.0161.1
Photocomposition : Zoom Compo
Imprimé par Mandarin Publishers Ltd
à Hong Kong.